主编 阎纯德 吴志良

北京语言大学
列国汉学史书系
Sinological History Series

英语世界的《易经》译介研究

朱睿达 著

语言资源高精尖创新中心支持项目

学苑出版社

图书在版编目（CIP）数据

英语世界的《易经》译介研究 / 朱睿达著. —北京：学苑出版社，2018.7
（列国汉学史书系 / 阎纯德，吴志良主编）
ISBN 978-7-5077-5525-1

Ⅰ.①英… Ⅱ.①朱… Ⅲ.①《周易》－英语－翻译－研究 Ⅳ.①B221.5②H315.9

中国版本图书馆CIP数据核字(2018)第168914号

责任编辑：杨　雷　张敏娜
出版发行：学苑出版社
社　　址：北京市丰台区南方庄2号院1号楼
邮政编码：100079
网　　址：www.book001.com
电子信箱：xueyuanpress@163.com
联系电话：010-67601101（销售部）　67603091（总编室）
经　　销：新华书店
印　刷　厂：北京建宏印刷有限公司
开本尺寸：710×1000　1/16
字　　数：200千字
印　　张：12
印　　数：1500册
版　　次：2018年8月第1版
印　　次：2018年8月第1次印刷
定　　价：50.00元

本书系出版获北京语言大学、
澳门霍英东基金会和澳门基金会资助

 北京语言大学列国汉学史书系
编辑委员会

顾　问：季羡林　李学勤　汤一介　李宇明　倪海东
主　任：崔希亮
副主任：韩经太
主　编：阎纯德　吴志良
编　委：王晓平　乐黛云　安平秋　许光华　刘顺利
　　　　吴志良　张国刚　严绍璗　李明滨　李海绩
　　　　陈开科　侯且岸　柴剑虹　钱林森　耿　昇
　　　　阎纯德　阎国栋　熊文华

序 一

经过近30年多位学者的辛劳努力,现在我们可以说,国际汉学研究确实已经成长为一门具有特色的学科了。

"汉学"一词本义是对中国语言、历史、文化等的研究,而在国内习惯上专指外国人的这种研究,所以特称"国际汉学",也有时作"世界汉学""国际中国学",以区别于中国人自己的研究。至于"国际汉学研究",则是对国际汉学的研究。中外都有学者从事国际汉学研究,但我们在这里讲的,是中国学术界的国际汉学研究。

自从改革开放以来,国际汉学研究改变了禁区的地位,逐渐开拓和发展。其进程我想不妨划分为三个阶段:一开始仅限于对国际汉学界状况的了解和介绍,中心工作是编纂有关的工具书,这是第一个阶段。到了20世纪90年代,出现国际汉学研究的专门机构,大量翻译和评述汉学论著,应作为第二个阶段。在这两个阶段里,学者们为深入研究国际汉学打好了基础,准备了条件。新世纪到来之后,进入全面系统地研究国际汉学的可能性应该说业已具备。

今后国际汉学研究应当如何发展,有待大家磋商讨论。以我个人的浅见,历史的研究与现实的考察应当并重。国际汉学研究不是和现实脱离的,认识国际汉学的现状,与外国汉学家交流沟通,对于我国学术文化的发展以至于多方面的工作都是必要的。我曾经提议,编写一部中等规模的《当代国际汉学手册》,使我们的学者便于使用;如果有条件的话,还要组织出版《国际汉学年鉴》。这样,大家在接触外国汉学界时,不会感到隔膜,阅读外国汉学作品,也就更容易体味了。必须指出的是,国际汉学有着长久的历史,因此现实和历史是分不开的,不了解各国汉学的历史传统,终究无法认识汉学的现状。

我们已经有了不少国际汉学史的著作及论文。实际上,公推为中国最早的汉学史专书,是1949年出版的莫东寅《汉学发达史》,尽管是通史体裁，也包含了分国的篇章。这本书最近已有经过校勘的新版，大家容易看到，尽管只是概述性的，却使读者能够看到各国汉学互相间的关系。由此可见，有组织、有系统地考察各国汉学的演进和成果，将之放在国际汉学整体的背景中来考察，实在是更为理想的。

这正是我在这里向大家推荐阎纯德教授、吴志良博士主编的这套"列国汉学史书系"的原因。

阎纯德教授在北京语言大学主持汉学研究所工作多年，是我在这方面的同行和老友，曾给我以许多帮助。他为推进国际汉学研究，可谓不遗余力，所做出的重要贡献是学术界周知的。在他的引导之下，《中国文化研究》季刊成为这一学科的园地，随之又主编了《汉学研究》，列为《中国文化研究汉学书系》，有非常广泛的影响。其锲而不舍的精神，我一直敬服无地。特别要说的是，阎纯德教授这几年为了编著这套"列国汉学史书系"所投入的心血精力，可称出人意想。

在《汉学研究》第八集的《卷前絮语》中，阎纯德教授慨叹："《汉学研究》很像同人刊物，究其原因，是从事这个领域研究的学者太少，尤其是专门的研究者更是少之又少，所以每一集多是读者相熟的面孔。"现在看"列国汉学史书系"，作者已形成不小的专业队伍，这是学科进步的表现，更不必说这套书涉及的范围比以前大为扩充了。希望"列国汉学史书系"的问世成为国际汉学研究这个学科在新世纪蓬勃发展的一个界标。让我们在此对阎纯德教授、这套书的各位作者，还有出版社各位所做出的劳绩表示感谢。

李学勤

2007年4月8日

于清华大学国际汉学研究所

序 二
汉学历史和学术形态

　　汉学历史和学术形态历史是既抽象又具体的存在,是浩瀚无边的过去、现在和未来。历史会让我们兴奋,也会使我们悲哀,有时会令人觉得它又仿佛是一个梦。但是,当我们梦醒而理智的时候,便会发现——自然史、时间史、太阳史、地球史、人类社会史,一切的一切,不管是曾经存在过的恐龙,还是至今还在生生不息的蚂蚁社群,天上的,地下的,看得见的,看不见的,一切都有自己的历史。一切都有过发生,一切都还在发展,一切都还会灭亡。

　　任何事物的发生都有一个有形或无形的孕育过程,"汉学"(Sinology)也是这样,其孕育和成长,就是中国文化与异质文化相互交媾浸淫的历史。这个历史,始于公元 1 世纪前后汉代所开通的丝绸之路,接下来是七八世纪的大唐帝国、十四五世纪的明代、清末的鸦片战争和"五四"新文化运动,这种文化的碰撞和交流之潮时起时伏直到今天,还会发展到永远。这是历史,是汉学的昨天、今天和未来,是其孕育、发生和成长的过程显现出的文化精神。但是,昨天有远有近,我们可以循蛛丝马迹地探讨找回其真;而今天,只是一个过渡,一俟走过,便成为昨天的陈迹。写作汉学史是一件艰难的劳作,尤其对象是遥远的昨天,尤其是"遗失"在异国他乡的昨天,更非一件易事。时至今日,朦胧面纱下的汉学还不为一些学人所认识,因此有必要取下面纱,让人们看个究竟。

　　从 20 世纪 70 年代中期之后,尤其 90 年代以降,"汉学"(Sinology)便逐渐成为学术界耳熟能详的学术名词。中国大陆重提"汉学"(Sinology)至今,汉学就像隐藏在深山里的小溪,经过 30 年的艰辛跋涉之后,才终于形成一条奔腾的水流,并成为中国文化水系不可或缺的组成部分。这个变化是时代和历史变迁带来的结果,也是文化自己发展的规律。

那么，究竟什么是汉学（Sinology）呢？首先，这里的汉学非指汉代研究经学注重名物、训诂——后世称"研究经、史、名物、训诂考据之学"的"汉学"，而是指外国人研究中国历史、语言、哲学、文学、艺术、宗教、考古及社会、经济、法律、科技等人文和社会科学领域的那种学问，这起码已是200多年来世界上的习惯学术称谓。李学勤教授多次说："汉学，英语是Sinology，意思是对中国历史文化和语言文学等方面的研究。在国内学术界，'汉学'一词主要是指外国人对中国历史文化等的研究。有的学者主张把它改译为'中国学'，不过'汉学'沿用已久，在国外普遍流行，谈外国人这方面的研究，用'汉学'比较方便。"① Sinology 一词来自外国，它不是汉代的"汉"，也不是汉族的"汉"，不指一代一族，其词根 sino 源于秦朝的"秦"（Sin），所指是中国。

在历史长河里，汉学由胚胎逐渐发育成长。当汉学走过少年时代，在西学东渐和中学西传互示友情后，中学开始影响西方而成为人类文明史上的伟大事件。中世纪以来，欧洲视中国为"修明政治之邦"，对中国充满了好奇与好感，当"中国热"蜂起欧洲，19世纪初期法国便成为西方汉学的中心，巴黎成为"汉学之都"。戴密微（Paul Demiéville）曾说汉学的先驱是葡萄牙、西班牙和意大利。但是，汉学作为学术研究和一种文化形态，举大旗的则是法国人。1814年12月11日，雷慕沙（Jean Pierre Abel Rémusat）在法兰西学院首开"汉语和鞑靼——满语语言与文学讲座"，开启了西方真正的汉学时代。但指代汉学的"Sinologie"（英文"Sinology"）一词则出现在18世纪末，应该早于雷慕沙主持第一个汉学讲座的时间，更不会晚于1838年。从此之后，"Sinology"便成为主导汉学世界的图腾、约定俗成的学术"域名"。在世界文化史和汉学史上，外国人把研究中国的学问称为"汉学"，研究中国学问的造诣深厚的学者称为"汉学家"。因此，我认为，我们不必要标新立异。根据西方大部分汉学家的习惯看法，"Sinology"发展到如今，这一历史已久的学术概念有着最广阔的内涵，绝不是什么"汉族文化之学"，更不是什么汉代独有的"汉学"，它涵盖中国的一切学问，既有以儒释道为核心的传统文化，也包含"敦煌学""满学""西夏学""突厥学"以及"藏学"和"蒙古学"等领域。但是一直以来，人们对汉学的理解和解释相

---

① 李学勤《国际汉学漫步·序》，河北教育出版社1997年版。

左,因此便有了"中国学""海外汉学""海外中国学""域外汉学""国际汉学""世界汉学""国际中国文化"等不同的叫法;如果咬文嚼字,推演下来,一定还会有"国内汉学""国内中国学",甚至"北京汉学""河南汉学"等。由于汉学的发展、演进,以法国为首的"传统汉学"和以美国为首的"现代汉学",到了20世纪中叶之后,研究内容、理念和方法,已经出现相互兼容并包状态,就是说Sinology可以准确地包含Chinese Studies的内容和理念;从历史上看,尽管Sinology和Chinese Studies所负载的传统和内容有所不同,但现在可以互为表达、"雌雄同体"同一个学术概念了。话再说回来,对于这样一个负载着深刻而丰富历史内涵的学术"域名",我以为还是叫它Sinology最好,因为,Sinology不仅承继了汉学的传统,而且也容纳了Chinese Studies较为广阔的内容。另外,中国人对中国文化的研究应该称为国学,而外国学者研究中国文化的那种学问则称为汉学。汉学是国学的有血有灵魂的"影子",而汉学不是国学,是介于中学与西学两者之间,本质上更接近西学的一种文化形态。说它与国学同根而生,说它们是一条藤上的两个瓜,都不为过,然而瓜的形象与味道却不相同,一个是"东瓜",一个是"西瓜"。我认为这样认识汉学,既符合中国文化的学术规范,又符合世界上的历史认同与学术发展实际。

汉学的历史是中国文化与异质文化交流的历史,是外国学者阅读、认识、理解、研究、阐释中国文明的结晶。汉学作为外国人认识中国及其文化的桥梁,是中国文化和外国文化撞击后派生出来的学问,实际上也是中国文化另一种形式的自然延伸。但是,汉学不是纯粹的中国文化,它与中国文化有着密不可分的血缘关系,既是中外文化的"混血儿",又是可以照见"中国文化"的镜子,是可以攻玉的"他山之石"。"'Sinology'是一门在国际文化中涉及双边或多边文化关系的近代边缘性的学术,它以'中国文化'作为研究的'客体',以研究者各自的'本土文化语境'作为观察'客体'的基点,在'跨文化'的层面上各自表述其研究的结果,它具有'泛比较文化研究'的性质。"①以上两种表述虽有不同,但学理一致,基本可以厘清我们对于Sinology(汉学)的基本学术定位。

法国汉学家马伯乐(Henri Maspero)说过:"中国是欧洲以外仅有的这

---

① 严绍璗《我对Sinology的理解和思考》,载《世界汉学》2006年第4期。

样的一个国家:自远古起,其古老的本土文化传统一直流传至今。"法国哲学家弗朗索瓦·于连(François Jullien)也说:"中国文明是在与欧洲没有实际的借鉴或影响关系之下独自发展的、时间最长的文明……中国是从外部审视我们的思想——由此使之脱离传统成见——的理想形象。"①他在《为什么我们西方人研究哲学不能绕过中国》中提出:"我们选择出发,也就是选择离开,以创造远景思维的空间。人们这样穿越中国也是为了更好地阅读希腊。"为了获得一个"外在的视点",他才从遥远的视点出发,并借此视点去"解放"自己。这便是一个未曾断流、在世界上仅存的几种古老文化之一的中国文明的意义。中国文明是一道奔流不息的活水,活水流出去,以自己生命的光辉影响世界;流出的"活水"吸纳异国文化的智慧之后,形成既有中国文化的因子,又有外国文化思维的一种文化,这就是"汉学"。也就是说,汉学是以中国文化为原料,经过另一种文化精神的智慧加工而形成的一种文化。从某种意义上说,汉学既是外国化了的中国文化,又是中国化了的外国文化;抑或说是一种亦中亦西、不中不西有着独立个性的文化。汉学作为一门独立的具有跨文化性质的学科,是外国文化对中国文化借鉴的结果。汉学对外国人来说是他们的"中学",对中国人来说又是西学,它的思想和理论体系仍属"西学"。

  汉学研究是指对外国汉学家及其对中国文化研究成果的再研究,是中国学者对外国学者研究中国文化的反馈,也是对外国文化借鉴的一个方面。凡是对历史或异质文化进行研究,都有一个价值判断和公正褒贬的问题。因此,对于外国汉学家对于我们中国文化的研究,必得有我们自己的判断,然后做出公正的褒贬。我们说汉学是可以攻玉的"他山之石",但是这句箴言并非只是适用于中国人,对外国人也是一样。汉学也像外国的本体文化一样,对我们来说有借鉴作用,对西方来说有启迪作用——西方学者以汉学为媒介来了解中国,汲取中国文化的精华,完善自己的文明。人类由于文化背景差异和文化语境的不同,思维方向和方式也会不同,因而就会得出不同的结论,讲出不同的道理。"西方学者接受近现代科学方法的训练,又由于他们置身局外,在庐山以外看庐山,有些问题国内学者司空

---

① [法]弗朗索瓦·于连(François Jullien)《迂回与进入》,香港:生活·读书·新知三联书店1998年版。

见惯,习而不察,外国学者往往探骊得珠。如语言学、民俗学、考古学、人类学、社会学诸多领域,时时迸发出耀眼的火花。"①汉学的学术价值往往不被国人重视,并利用汉学家对于中国文化的一些误读贬低汉学的价值。其实,这并不公平,有些汉学家对于中国文化确实有其独到的见解,能发中国人未发之音。法国汉学家马伯乐(Henri Maspero)对中国上古文化和上古宗教的研究就有独到的贡献,被称对中国宗教研究有"先河"之功。他研究中国宗教的宗教社会学的方法,促进和推动了中国学者采用宗教社会学来研究中国宗教,被称为"中国宗教社会学研究的真正创始人"。瑞典汉学家高本汉(Bernhard Karlgren),终生的最高成就是根据研究古代韵书、韵图和现代汉语方言、日朝越诸语言中汉语借词译音构拟汉语中古音和根据中古音和《诗经》用韵、谐声字构拟古音,写出了著名的学术专著《中国音韵学研究》《汉语中古音与古音概要》《古汉语字典重订本》《中日汉字形声论》《论汉语》《诗经注释》《尚书注释》和《汉朝以前文献中的假借字》等,他对汉语音韵训诂的研究是不少中国学者所不及的,并深刻影响了对于中国音韵训诂的研究。20世纪著名的日本学者津田左右吉关于中国文化的研究著述甚丰,他认为中国文化是一种"人事本位文化",其核心是"帝王文化",其他认识上尽管有偏颇,但也有其独异性和深刻之处。这就是"他山之石"的意义和价值。当然,不可否认,汉学家对于中国文化的误读或歪曲也是常见的,诸如瑞典考古学家安特生(John Gunnar Andersson)于1921年10月对河南仰韶文化遗址发掘之后,便说中国彩陶制作技术源于西方,并在他的《甘肃考古记》和《黄土儿女》著作中反复强调他的这一错误观点。这一观点亦为"西方文化东移造成中国文化之说"提供了说辞。日本学者石田幹之助也推波助澜,闭门造车地推测出西方文化东渐的路线;甚至连我们的国学大师章太炎、刘师培也被"忽悠"得认可了"中国文化西来说"。② 美国现代汉学(中国学)的奠基人费正清对中国历史尤其近代史的研究独具风采,为美国人民认识中国搭建了一座桥梁;但他在研究上的所谓"冲击—回应"模式,却近乎荒谬,认为是西方给中国带来了文明,是西

---

① 季羡林《汉学研究·序》第七集,中华书局2003年版。
② 《章太炎全集·〈訄书·序〉·〈种姓篇〉》,上海古籍出版社1985年版;刘师培《刘申叔先生遗书·〈思念祖国〉·〈华夏篇〉·〈国土原始论〉》。

方的侵略拯救了中国。综上所述,对于汉学成果的研究,只有冷静、公正、客观、全面,才能在沙中淘得真金,拥抱"他山之石"。

在中国,汉学的接受与命运,诚实地说,在20世纪80年代初期之前,基本上是无视它的学术价值,更没人把它看作是中国文化的延伸。此外,由于民族心理上的历史"障碍",我们还曾视汉学为洪水猛兽,甚至觉得它是仇视中国、侮辱中国的一个境外的文化"孽种"。这种"观点",虽嫌偏颇,但也不是空穴来风。因为自19世纪"鸦片战争"前后,直至20世纪40年代,偌大的中国曾经惨遭蹂躏,整个历史写满了炮火压迫和宗教怀柔,其间也不乏为列强殖民政策服务的传教士、"旅行家"和"学者"深入中国腹地,以旅行、探险、考古之名而实行搜集社会情报、盗窃和骗取中国大批文物。

人类思想的飞翔,是受社会和历史禁锢的,山高水远的阻隔也使得人类互相寻找的岁月特别漫长。交流是人类文化选择的自然形态,汉学就发生在这种物质交流和文化交流之中。

公元前后,中国人被称为赛里斯(Seres),中国叫赛里加(Serice),这是陆路交往关于中国最初的叫法,时间较早;另一种叫法,把中国人称为秦尼(Sinai),中国叫秦(Sin),这是海路交往关于中国的叫法,时间较晚。由商人输往西方的中国丝绸绢绘是当时帝王贵族倾慕的奢侈珍品,Seres和Serice两字系由阿尔泰语所转化,是希腊罗马称谓中国绢绘的Serikon、Sericum两字简化而来。西方人当时称中国为"秦"(Sin),称中国人为"秦尼"(Sinai),则是源于秦朝。①

人类在互相寻找的初级阶段,中国和西方试探性的商业交往还很原始,那时的人类,不同的国家、民族和族群处于相对落后和封闭的状态,人类各个角落的不同文化还处于相对不自觉或是相对蒙昧的历史时期。在人类最早的沟通中,中国人走在最前边。公元前139年,张骞奉汉武帝之命,越过葱岭,亲历大宛、康居、大月氏、大夏、乌孙、安息等地,直达地中海东岸,先后两次出使中亚各国,历时十多年,开创了古代和中世纪贯通欧亚非的陆路"丝绸之路",为人类交往开创了先河,也为汉学的萌发洒下最初的雨露。

---

① 莫东寅《汉学发达史》,北平文化出版社中华民国三十八年(1949年)版,第3页。

序　二

在文化史上,以孔孟儒家学说为核心的中国文化最先影响朝鲜半岛,然后才是日本和越南等周边国家。这些周边国家与中国的关系复杂,甚至被说成同种同文,因此可以说它们的文化与中国文化有着很深的"血缘"关系。公元522年,中国佛教渡海东传日本,从那时开始,中国典籍便大量传入日本,但这只是一种"输入",只是日本创建自己文化的借鉴,并没有形成对于中国文化的深层研究。及至唐代,由于文化上承接了汉朝的开放潮流,那时与异质文化的交流相对更加频繁,商贸往来和文化沟通有了发展,西方和中国周边国家或地域的人士通过陆路和水路进入中国腹地,长安、洛阳、扬州、广州、泉州等城市,都是中外贸易和文化交汇的重要都会,尤其是长安,更是当时世界最大的商业文化之都;而扬州等城市,由于东南沿海经济崛起、人口增多、手工业发达、农田水利的改善,为海外贸易发展创造了条件,再由于唐代中期"安史之乱"切断了陆路"丝绸之路"的缘故,曾称为"鲤城""温陵""刺桐城"的泉州,便成为联结亚洲、欧洲和非洲的海上丝绸之路的"东方第一大港",是那时以丝绸、金银、铜器、铁器、瓷器为主的国际贸易之都。通过频繁的往来和交流,外国人对中国文化的认识越来越多、越来越深,汉学也便在这种交流中不知不觉慢慢衍生。

但是,源远流长的汉学,人们习惯地认为其洪流和网络在西方,西方是汉学的形象代表。这一看法一是源自近代以来西方强势文化和中国人的崇洋心理;二是西方汉学的某些特征也确实有别于朝鲜半岛、日本和越南的汉学。其实,如果我们从世界汉学历史发展的角度看,日本、朝鲜半岛和越南的汉学要早于西方的汉学,比如日本在十四五世纪已经初步形成了汉学,而那时西方的传教士还没有进入中国。因此,对于汉学的研究,无论是西方还是东方(朝鲜半岛、日本和越南),我们都不能顾此失彼,要以同样的关注和努力探讨其历史。当然,汉学的历史藏在文献里,而隐性源头却在文献之外。

文化往往伴随经济流动,其交流也会在不自觉或无意识状态下发生。到了明代初年,郑和率舰队出使西洋,前后七次,历经28年,到过30多个国家,最远抵达非洲东岸和红海口,真正拓展了海上"丝绸之路"。

在公元八九世纪至十六七八世纪期间,关于中国,多见于西方商人、外交使节、旅行家、探险家、传教士、文化人所写的游记、日记、札记、通信、报告之中,这些文字包含着重要的汉学资源,因此有人把这些文献称为"旅游汉学"。这些来源于文艺复兴，因为思潮的开放影响了欧洲人的思想和生活，他们或通商，或传教，或猎奇，但了解和研究中国文化却是一致的，于是汉学便在葡萄牙、西班牙、意大利、法国、荷兰、英国、德国、俄罗斯等主要的西方国家逐步发展起来。

这类游记和著作较早的有约在公元851年成书的描述大唐帝国繁荣富强的阿拉伯佚名作者的《中国与印度游记》，吕布吕基斯的《远东游记》（1254），意大利的雅各·德安克纳的《光明城》，贝尔西奥的《中华王国的风俗与法律》（1554），《利玛窦中国札记》，亚历山大·德·罗德的《在中国的数次旅行》（1666），南怀仁的《中国皇帝出游西鞑靼行记》（1684），费尔南·门德斯·托平的《游记》，李明的《关于中国现状的新回忆录》（1696）和《中华帝国全志》（《中国通志》）等，以及罗明坚、金尼阁、汤若望、卫匡国等名士的著作，还有大量名不见经传的传教士、商人、旅行家、探险家的各种记述，都成为日后汉学兴旺发达的必然因素。这类著作主要涉及中国的物质文明，较多描述、介绍中国的山川、城池、气候以及生活起居、饮食、服饰、音乐、舞蹈，也涉及一些中国的观念文化。这些"旅游汉学"著作中，影响最大的是《马可·波罗行纪》（《东方见闻录》）。马可·波罗（Marco Polo）于1275年随父亲和叔父来中国，觐见过元世祖忽必烈，1295年回国后出版了这本书，它以美丽的语言和无穷的魅力翔实地记述了中国元朝的财富、人口、政治、物产、文化、社会与生活，第一次向西方细腻地展示了"唯一的文明国家"——"神秘中国"——的方方面面。

这些包罗万象的文献，不仅记录了不同时代的中国，还以自己的文化视角开始了中西文化最初的碰撞。作为文献，这些游记、日记、札记、通信和报告，有赞美，有误读，也有批评，但因为其中包含大量中国物质文化及政治、经济、历史、地理、宗教、科举等多方面的文化记载，而成为汉学的重要组成部分，在学术史上有重要价值。

汉学的发生、发展与经济、政治、交通以及资讯分不开。有学者把汉学的历史分为"萌芽""初创""成熟""发展""繁荣"几个时期，也有的分为"游记汉学时期""传教士汉学时期"和"专业汉学时期"三个阶段。但汉学的真正形成是在明末兴起的"西学东渐"和"中学西传"的互动之中。

从16世纪到十八九世纪，在数以千计的散布在中国各地的传教士中，有不少人成为名载史册的汉学先驱，他们为汉学的发展做出了重大贡献。

自1540年罗耀拉(S.Ignatins de Loyola)、圣方济各·沙勿略(Francisco Xavier)等人来华,开始了以意大利、西班牙传教士为主的第一时期的耶稣会的传教活动。接着,意大利的范礼安(Alexandre Valignani)、罗明坚(Michel Ruggieri)等著名传教士来华。1583年,即明朝万历十一年,罗明坚将利玛窦神甫(Matteo Ricci)带到中国,从此,耶稣会士在中国的宗教活动无论是对于西方还是东方,都开始了一个新的历史时期。西班牙的胡安·冈萨雷斯·德·门多萨(Juan Gonzalez de Mendoza)的《中华大帝国史》于1588年问世,这部世界汉学史上的第一部汉学著作,名副其实地对中国的政治、历史、地理、文字、教育、科学、军事、矿产、物产、衣食住行、风俗习惯等做了百科全书式的介绍,具有相当的学术价值,以七种文字印行,风靡欧洲。以利玛窦为核心的耶稣会士的历史意义在于他们开始了对中国文化的全面"开垦",不仅著书立说,还把《大学》《中庸》《论语》《孟子》等中国文化经典译成西文,不仅开西学东渐之先河,也推动了中学西传,使中国文化对西方科学与哲学产生重要影响,因此这位思想家当仁不让地被视为西方汉学的鼻祖。与其先后到达中国的著名的传教士都著书立说、传播中国文化,对推动西学东渐和中学西传做出了贡献。在世界汉学史上,除了以上提及的,还有许多汉学家的名字十分响亮,诸如曾德照、柏应理、卫匡国、殷铎泽、南怀仁、汤若望、龙华民、金尼阁、罗如望、熊三拔、李明、张诚、白晋、马若瑟、宋君荣、钱德明、翟理斯、安特生、雷慕沙、儒莲、德理文、安东尼·巴赞、蒙田、冯秉正、尼·雅·比丘林、巴拉第·卡法罗夫、瓦西里耶夫、沙畹、伯希和、马伯乐、葛兰言、斯文·赫定、马礼逊、斯坦因、理雅各、翟理斯、李约瑟、韦利、霍克斯、卫礼贤、福兰阁、孔拉迪、高本汉、卫三畏、费正清、戴密微、石泰安、谢和耐、欧文等。他们和东方日本、朝鲜半岛的富有建树的汉学家以及当今散布在各国的汉学家,对中国文化的独特理解,铸造成汉学史上的思想学术之碑,开垦了汉学成长的沃土。

"西方的汉学是由法国人创立的。"但是,在欧洲全面研究中国文明的问题上,"法国的先驱是葡萄牙、西班牙和意大利"。① 戴密微把以上三个国家誉为汉学的先锋,"他们于16世纪末叶,为法国的汉学家开辟了道路,

---

① 戴密微《法国汉学研究史》,载《法国当代中国学》(耿昇译),中国社会科学出版社1998年版。

而法国的汉学家稍后又在汉学中取代了他们",真正建立起作为学术的汉学传统。就传统汉学而言,法国是汉学家最多的国家之一,有许多汉学界的学术巨擘,不断为汉学的崇高而添砖加瓦。

中外文化交流的结果不仅意味着中国文化"外化"的传播,也意味着异质文化对中国文化"内化"的接受。汉学家作为中外文化交流的桥梁和使者,在异质文化的交流中,也是人类和谐与进步的推动者。

汉学诞生在与异质文化碰撞、交流和相互浸淫之中。这个结果无异于一枚果子的成熟,只有"风调雨顺"才生长得好。和谐、宽容、理解与尊重,是异质文化彼此借鉴的保证。作为文化形态的汉学,其成长和生存离不开良好的国际语境。就中国而言,历史上凡是开放的时代,文化交流多,汉学就发展;反之,汉学就停滞,这似乎成为一种规律。

作为学术公器的汉学,文化上有其自己的成长过程。汉学是发展的,这一植根于中国文化土壤、生存于异国他乡的文化,同样深受不同时代语境的极大影响。这里所说的语境,既包括中国的历史演变,也包括异国和世界的历史变化。也就是说,不同的历史时期,不同的社会、政治、经济、文化背景,在很大程度上左右着汉学的发展方向和内容;换句话说,汉学的形成和发展,不仅受制于中国历史的更迭,也受制于他者社会的变化。这就是以历史悠久的中国文化为研究对象的汉学发展的基本轨迹。

汉学作为一种学术形态,总体上可以分为"传统汉学"和"现代汉学"。传统汉学以法国为中心,而现代汉学兴显于美国,20世纪中期以来,在西方其他国家葆有传统汉学的同时,现代汉学也很繁荣。随着中国与世界政治关系的变化,随着中国文化与世界文化交流的拓展,现代汉学有了显著的发展。

虽然20世纪的后50多年,中国文化与世界各国文化接触开始多了起来,但就整体而言,1949年后约有30多年是一个相对"闭关锁国"的时期。公正地讲,这道意识形态的"长城"也并非就是中国的政策,是那时期以美国为首的国家在政治、经济、军事、文化上对我国全面封锁的结果。这个时期的"汉学"涂满了政治色彩,以法国为代表的汉学较多地保持着传统汉学的学术精神,而美国的"中国学"却成了充满政治意识的现代汉学的代表。美国的"中国学"所关心的不是中国文化,更不是中国的传统文化,而是中国的政治、经济、军事、教育和社会生活各个层面的问题。这种政治特征,是那个时期美国汉学的基础,这一特征也影响了其他国家汉学的研究方向和内容。

由于中国与世界的隔离,由于西方与中国少有交流,因此汉学家不了解中国最新的文化进展(比如新的考古发现),致使汉学处于断炊或"无米之炊"的状态,没有中国文化的支持,西方汉学要想取得研究上的突破也很困难。陌生感和神秘感困扰着汉学家,这不仅是文化的尴尬,也是汉学家的难堪。

人类文化包含了物质文化和观念文化等。物质文化表现在衣食住行生活方面,是一种看得见、摸得着又极易变化的"具象"文化,如饮食、服饰、住房、音乐、舞蹈等;观念文化是一个民族的核心,表现在人的价值观、道德观、家庭观、宗教观等诸多方面,以及关于自由、平等、民主的理解,观念文化是一个民族的思维经过高度抽象后形成的思想、观念和精神,它通过文化灵魂——哲学、文学、语言、宗教、历史等来表达。① 观念文化,一俟进入外国汉学家的研究视野,他们的研究也就进入了对中国文化核心的深层研究。

汉学家从对中国物质文化到观念文化的研究,其领域越来越广越来越深。现在,汉学不仅包括对中国的哲学、文学、宗教、历史领域的研究,还包括社会学、政治学和自然科学。Sinology(汉学)和 Chinese Studies(中国学),它们已经发展到可以"异名共体"的地步。

时至今日,传统汉学和现代汉学这两种汉学形态不仅同时存在着、共荣着,而且还互相浸透着。

19 世纪末至 20 世纪初,美国汉学悄然嬗变为中国学,并以自己独有的个性特点和极强的生命力出现在世人面前。美国汉学始自 1830 年东方学会(American Oriental Society)的建立,这个学会虽然代表了欧洲那种对东方学文学的兴趣,但这个学会"从一开始就有一种与众不同的使命感"——"为美国国家利益服务,为美国对东方的扩张政策服务"。② 这个特点也与"美国海外传教工作理事会"向中国派出基督教传教士的宗旨相

---

① 任继愈《汉学发展前景无限》,载《中华读书报》2001 年 9 月 19 日。
② 侯且岸《费正清与中国学》,载李学勤主编《国际汉学漫步》(上),河北教育出版社 1997 年版。

一致。可见,美国汉学一开始就和美国的国际战略和对华政策联系在一起。卫三畏(Samuel Wells Williams)1848年出版的百科全书式的《中国总论:中华帝国的地理、政府、教育、社会、生活、艺术、宗教及其居民观》就带有较为浓厚的社会科学特点,与欧洲具有人文科学特征的汉学颇有差异,但它依然属于Sinology的范畴。

美国从南北战争后的统一中走向强大,加入强国之列。八国联军对中国的侵略行径,是列强联合的第一次尝试。从那时起,承担着相当"政治"角色的传教士进入中国。真正美国式的"汉学"——中国学,就从那时开始,而奠基人和开拓者是之后的费正清(John King Fairbank)。作为美国首席中国问题专家的费正清,他的中国学研究不仅影响了美国,也对其他国家的汉学研究或中国学研究有强烈的影响。

在西方,费正清的魅力在于,没有谁能像他那样以更清晰、更富于洞察力的笔触来表述中国。"在使美国人了解中国,了解中国的传统、中国纷扰不安的近代史,以及中国神秘莫测的现状等方面,谁的贡献也没有像他那样大。"费正清等一批知名的美国中国学家都参与过战时情报工作,在战后作为美国政府的智囊而直接为制定对华政策服务。费正清的研究虽然充满了实用和功利色彩,立场和观点也有偏见,但这并不妨碍他在历史上作为一个贡献巨大的汉学家和中国人民的朋友的光辉。美国学者从事研究的根本出发点是"使命感""学术个性"和"反唯理智论倾向","蔑视学问,更为强调实用性知识","更为明显同自己以外的社会,即政治家、实业家及其实践家始终保持紧密的联系"。① 这就是美国中国学家的基本心态,他们讲究功利和实用,不理会学术上的理智倾向,这与法国汉学家的学术心态、学术个性与学术传统几乎大相径庭。

传统汉学(Sinology)和现代汉学(Chinese Studies)的差异在于前者是以文献研究和古典研究为中心,它们包括哲学、宗教、历史、文学、语言等;而以美国为中心的现代汉学(中国学)则以现实为中心,以实用为原则,其兴趣根本不在那些负载着古典文化资源的"古典文献",而重视正在演进、发展着的信息资源。但是,汉学发展到21世纪,其研究内容和方式已经出现了融通这两种形态的特点。这种状况既出现在欧洲的汉学世界,也出现

---

① [美]赖肖尔《近代日本新观》,生活·读书·新知三联书店1992年版。

在美国的中国学研究之中,可以说世界各国汉学家的研究中,都兼有以上两种汉学形态。

汉学(Sinology)对中国研究者来说,被尘封得太久,所以它的空白很多,浩如烟海的资源还有待于深入开掘。这种开掘,不仅可以收获汉学,还可以无意中发现被历史"放逐"和"遗失"在异国他乡的中国文化。编撰"列国汉学史书系"的目的和宗旨,不仅是为了梳理已有的汉学资源,在世界范围内追踪中国文化的外传历史状况、经验及影响,同时探究汉学的产生、成长、发展与繁荣,还要尽可能厘清这块"他山之石"对于中国文化的作用。当然,"列国汉学史书系"还期望对推动中国文化与世界文化的交流有所裨益。

"列国汉学史书系"作为一个文化工程,其撰写的难度非一般学术著作所能比拟。严绍璗教授谈到Sinology的研究者的学识素养时提出四个"必须":①必须具有本国的文化素养(尤其是相关的历史、哲学素养);②必须具有特定对象国的文化素养(同样包括历史、哲学素养);③必须具有关于文化史学的基本学理素养(特别是关于"文化本体"理论的修养);④必须具有两种以上语文的素养(很好的中文素养和对象国的语文素养)。这几点确实都是汉学研究者必须具备的文化和语文素养,否则很难进入汉学研究的学术境界。

写作"列国汉学史"艰难,而出版可谓难上加难。人间的事好像天上的云、地上的风,飘忽不定没有根,铁板钉钉是没有的,因为钉子可以用"权力"拔出来,一切承诺和协议,都可以化为乌有。虽然"列国汉学史书系"一直受到经济的困扰,但它终没有自毙于摇篮之中,冬天之后是春天,接着便是收获的季节。这套富有创意和价值的书系,将对中外文化交流和汉学的发展及其比较研究产生深远影响。

有人认为"汉学史中国人写不了",当然这是一个很奇怪的"立论"。日本人石田幹之助写了《欧人的中国研究》(1932)、莫东寅写了《汉学发达史》(1949),接下来又有严绍璗的《日本中国学史》(1991),张国刚的《德国的汉学研究》(1994),张静河的《瑞典汉学史》(1995),何寅、许光华主编的《国外汉学史》(2002),刘正的《图说汉学史》(2005)和李庆的《日本汉学史》(2005)相继面世。在人类的文化长廊里,无论是中国还是外国,各种史书琳琅满目,这其中有外国人写中国的各类历史,也有中国人写外国的各类历史。历史,是往事,是记录,是选择,并有相对独立的评论和褒贬。但是,事实上任何一部历史都不是最后的历史,历史随着时光的流逝而演进,修史很难一步到位,它需要一代代学者"积跬步"才能"至千里",只有"积土成山,积水成渊",方能"风雨兴""蛟龙生"。学问之事非一夕之功,非得有前赴后继者敢于赴汤蹈火"流血牺牲",才会达至光明顶峰。

开拓者也许会在某个时候将自己的真诚劳作化为欢乐,因为在以后的岁月里,定会有人踏着自己的肩膀或是踩着自己的鼻子和头顶攀上高峰,以鸟瞰美丽风光。21世纪是经济的大空间,对汉学来说也是一个"大空间"。但是,要探索这个"大空间",需要有个和谐的"太空站",需要大家联袂共建;当然世界上需要多元文化和谐相处的历史语境,共同创造彼此接近、认识、理解、尊重、沟通、借鉴与融合的机会,这个机会,就是汉学研究发展的机会。

时间在行走,历史在行走。人类创造过历史,书写过历史,但是没有最后的历史。汉学有历史,而且还正在创造新的历史,汉学及其研究将以自己的品格和个性在人类文化的世界里放出异彩。

阎纯德

2006年12月5日

于北京半亩春

前　言[*]

《易经》等中华文化典籍在海外的传播已有相当长的历史,但对于它们译介的真实与具体情况,国内学界总体上还停留在模糊认识和笼统描述的层面,缺乏细致统计和前沿研究。本书结合海外易学界的较新考察,重估了现有《易经》英译版本的真实情况,并对其整体风貌进行了初步评述。本书分为四大部分。

绪论至第二章为《易经》英译研究概览:绪论简略论述《易经》英译研究的重要性和必要性;第一章描述《易经》英译版本的总体情况;第二章分析国内《易经》英译研究现状,其中包括基本情况、研究的进展和水平。

第三章至第六章为《易经》英译代表性版本述评:第三章评析来华传教士译介中华文化时期的《易经》英译典范——理雅各译本;第四章评析承前启后、由来华传教士过渡到专门汉学家的人物卫礼贤的译本简况及贝恩斯转译本概览;第五章评析第二次世界大战之后中西文化交通新时期的两个优秀译本,译者分别是 Richard John Lynn 和 Richard Rutt;第六章评析国内第一个独立完成的英译本——汪榕培、任秀桦译本,以及收入国家大型文化工程《大中华文库》的傅惠生译本。

第七章、第八章主要探讨上述六个译本中反映的跨文化阐释问题:第七章以六个译本中的具体文本为例证,分析各家在由中向西传播《易经》及易学上的得失成败;第八章重点讨论《易经》英译涉及的主要几个跨文化阐释问题。

余论相对独立,但与《易经》英译及国际易学的核心息息相关,即《易经》及易学本身是否具有可以跨越时空的阐释效度和文化张力,及其能否被传播接收方成功收受、能否在中西文化交流中延续生命的问题。《易经》与古希腊罗马史诗之间曲径通幽的具体文本对读,是对易的阐释体系的一次检验。

---

[*] 本书为北京市哲学社会科学规划研究基地重点项目"中华经典英译与跨文化阐释研究"(项目号:13JDWYA006)项目成果。

目 录

绪论 …………………………………………………………………（1）
  一、《易经》英译研究的重大意义 …………………………（1）
  二、重估《易经》及其他中华元典的英译情况 ……………（1）
  三、本书所用易名的澄清 ……………………………………（3）

第一章 《易经》英译概况 ……………………………………（5）
  一、《易经》英译版本的统计与简析 …………………………（5）
  二、《易经》英译诸版本的同与异 ……………………………（18）
  三、《易经》英译诸版本的整体风貌 …………………………（20）

第二章 国内《易经》英译研究现状 …………………………（23）
  一、国内《易经》英译研究的基本情况 ………………………（23）
  二、国内《易经》英译研究的进展 ……………………………（25）
  三、国内《易经》英译研究水平刍议 …………………………（29）

第三章 理雅各译本：传教士译介《易经》的顶峰 …………（30）
  一、理雅各之前欧洲对《易经》的译介 ………………………（30）
  二、理雅各的中华经典翻译事业 ……………………………（31）
  三、理雅各译本概览 …………………………………………（32）
  四、理雅各译本的部分缺憾 …………………………………（33）

第四章 卫礼贤及贝恩斯译本：从宗教到汉学的
         重心转移 ………………………………………………（36）
  一、卫礼贤的中华文化译介生涯 ……………………………（36）
  二、卫礼贤《易经》德译本简况 ………………………………（37）
  三、贝恩斯转译卫礼贤《易经》版本概览 ……………………（38）
  四、卫礼贤及贝恩斯译本的部分缺憾 ………………………（39）

第五章 当代《易经》英译的海外典范:以 Richard John Lynn 和 Richard Rutt 为例 ……(41)

一、Richard John Lynn 译本概览 ……(41)

二、Richard John Lynn 译本的部分缺憾 ……(41)

三、Richard Rutt 译本概览 ……(44)

四、Richard Rutt 译本的部分缺憾 ……(50)

第六章 《易经》英译在国内:汪榕培、任秀桦和傅惠生的译本 ……(51)

一、汪榕培、任秀桦译本概览 ……(51)

二、汪榕培、任秀桦译本的部分缺憾 ……(52)

三、傅惠生译本概览 ……(57)

四、傅惠生译本的部分缺憾 ……(58)

第七章 《易经》英译六版本比照举隅 ……(60)

一、"师或舆尸":理雅各的恰切翻译 ……(60)

二、"解而拇,朋至斯孚":理雅各的理解偏误 ……(62)

三、大、太、泰:Richard Rutt 对历史语境的还原 ……(64)

四、释译关系:汪任译本的得与失 ……(66)

五、经传关系:傅译本的过度文化负载 ……(68)

第八章 《易经》英译中的跨文化阐释诸问题 ……(73)

一、理雅各在《易经》英译中的中西文化对比 ……(73)

二、Richard Rutt 的文化还原与具象化处理 ……(76)

三、易学"义理""象数"两端在《易经》英译中的体现 ……(79)

四、《易经》英译与《圣经》的比附与比较 ……(83)

五、多元文化时代的《易经》跨文化阐释 ……(85)

余论 《易经》与古希腊罗马史诗:阐释效度和文化张力的相遇 ……(91)

一、作为丰富多元的阐释体系的《易经》 ……(91)

二、《易经》卦爻辞与古希腊罗马史诗的巧合 ……(93)

三、《姤》卦与《伊利亚特》 ……(94)

四、《复》卦与《奥德赛》……………………………………（106）
五、《未济》卦与《埃涅阿斯纪》…………………………（116）
六、曲径通幽：《易经》阐释古希腊罗马史诗之合理性浅析………（119）

参考文献 ……………………………………………………（125）

附　录　《易经》本经卦名及常用辞汉英对照汇编…………（132）
　　一、卦名 ………………………………………………（132）
　　二、常用辞 ……………………………………………（154）

后记 …………………………………………………………（164）

绪 论

一、《易经》英译研究的重大意义

《易经》是中国最古老的文献之一,被儒家尊为"五经"之首。《易》之为书,广大悉备,涉及并深刻影响了中国传统的哲学、宗教、文学、艺术、数学、天文、物理、医学、政治、军事等诸多领域,由《易经》等中华元典所孕生发展而来的"阴阳两仪"思维等中华民族固有的思维模式更是中华文化的主要精义。在中华文化对外传播史上,《易经》是最为重要的经典文本之一,迄今已出现了百数十个外文译本。但由于《易经》本身的符号、文字表述体系的深晦,以及"易学"经过数千年发展的浩繁、庞杂,海外汉学对于《易经》的认识、理解、阐发、译介,与《论语》《老子》等经典的情况相比,进展仍相当缓慢。因此,深入研究《易经》对外传播的情况,考察西方收受《易经》的得失,有助于我们进一步理解中西文化交通中的得失,从而得出更为有益的建议。而由于语言是文化的重要载体,这一工作可以重点从《易经》翻译研究入手,再进而选择外文译本中最为普及的英译本作为切入点,透过翻译文本的表层考察文化收受的深层。如此,可以从《易经》英译这一点投映出中西文化交通(跨文化交流)的某些史与实,并进而探讨中西文化互释(跨文化互释)的方法与途径,从而为更好地推进中西相互理解(跨文化理解)出谋划策。

二、重估《易经》及其他中华元典的英译情况

根据《易经》研究者 Joel Biroco[①] 先生截至 2004 年的考察,《易经》的

[①] Joel Biroco 本名 S. J. Marshall,中文名马夏,是英国伦敦的一名作家和艺术家,著有 *The Mandate of Heaven: Hidden History in the I Ching*(《天命:〈易经〉秘史》,Columbia University Press,2001)。其画作多为抽象作品,艺术灵感来自《易经》、道家、禅宗和神秘学。马夏先生自称其《易经》研究始于 1982 年,他多年来运营着《易经》研究网站"Yijing Dao"("易经道",http://www.biroco.com/yijing/)。

英译版本有54个①。相比之下,国内学者研究视野中的版本数量则要少得多。任运忠在《内江师范学院学报》2006年第5期发表的《〈易经〉英译现状及重译〈易经〉的构想》一文中说:"自17世纪至今,《易经》被先后翻译成了多种西方文字,其中仅英译就有十多个不同的版本。"他所参考的是马祖毅、任荣珍《汉籍外译史》中的说法:"从康熙年间到20世纪60年代,传入西方的《易经》译本至少有14种。"②由此可见,国内研究者对《易经》英译版本数量的掌握大抵比较粗略,与Joel Biroco的统计有较大出入。而对于中华文化经典流行海外已久的其他代表,如《诗经》《论语》《老子》等,其译本的细致考察工作似乎也没有很大进展。如杨平发表于《浙江教育学院学报》2009年第5期的《〈论语〉英译的概述与评析》罗列、概述了《论语》的外国译者英译本33个、中国译者英译本17个,共计51个。③《老子》号称是西方除《圣经》外译本最多者,据傅惠生所引1963年出版的陈荣捷《老子之道》的说法,《老子》被译成英文44次,傅惠生也看到1963年之后又有大量《老子》英译本出现,认为其数量难以统计。④ 另据陈国华、轩治峰发表在《外语教学与研究》2002年第6期的《〈老子〉的版本与英译》,《老子》英译本数量有30余、40余、百余等多种说法。应该承认,对上述这些中华文化典籍的外译版本的统计,难度颇大:它们的最早译本出现在19世纪,已经历了近200年的流传,版本颇众,又因世界范围的战争和政治动乱的影响,流散较多。因此,无论对国内还是国外的研究者来说,版本统计的具体数字都很难给出。但是参照《易经》英译的情况,粗略考察和细致统计有着较大出入,估计《诗经》《论语》《老子》这些重要典籍的英译版本数量应该是目前我们所大致了解的几倍。由此可见,中华经典的域外流传是本土传统之外的另一巨大宝藏。这启示我们应该在中华文化经

---

① 详参"A Critical Survey of I Ching Books", first published in The Oracle: Journal of the I Ching Society, Vol.1, No.2(Winter 1995/96), pp.20-40.(Slightly revised for web, 2004.) http://biroco.com/yijing/survey.htm.

② 任运忠所参考《汉籍外译史》版本为湖北教育出版社2003年版,而笔者所见为初版,略有出入。引文见马祖毅、任荣珍《汉籍外译史》,武汉:湖北教育出版社,1997年10月第1版,第60页。

③ 杨平在注释中说:"本文部分资料参考了阎振瀛《理雅各氏英译论语之研究》,台湾商务印书馆,1971年版,附录'论语西文译述略'。该文总结了16世纪末至20世纪50年代部分《论语》的外译版本。"该书为笔者所未见。

④ 参见傅惠生为"大中华文库"本《老子》所作"前言"。陈鼓应今译,傅惠生校注,[英]韦利英译《老子:汉英对照》,长沙:湖南人民出版社,1999年9月第1版。

典汉文流传版本的考察和保存工作之外,加强对其各种民族语言译本的统计和搜集。

三、本书所用易名的澄清

在当今多数称引、研究《易经》、易学的论著中,"周易"与"易经"是经常被混淆的两个名词,实则二者并不能指代同一经典文本,而是有交集联系的两种文本。成中英先生在《论易之原始及其未来发展》[①]一文中对此问题有所辨析。笔者亦以孔见区分如下:

(一)易。易的思想创始于中华文明发轫期,有易象、易数,然象征符号起初并不统一,亦未有规律化编排,经由历代先民的智慧总结,逐渐统一为二爻、四象、八卦、六十四卦之易象、易数系统。

(二)易经。由于占卜、阐释之需要,易象、易数渐有对应之文本。夏商周三代的《连山》《归藏》《周易》即为易占、释易的官方版本。其中系于六十四卦的部分可称之为本经,即易象、易数、易辞之统一体系,可称为易经。

(三)周易。包括易经和易传两部分。其中本经部分为周文王、周公等西周初年周朝之巫王出于新朝之政治、宗教等意识形态的考量,改订夏之《连山》、商之《归藏》本经部分而成,乃流行至今之定本;传的部分俗称"十翼",用来阐释本经,经西周、春秋、战国,至西汉初年而定,可视为易之"大传"。

(四)易学。包括易传和易术。易的本经和"大传"部分既有定本,西汉以后阐释经传定本的著述可目为易之"小传",其实亦是易传。易术,即后人参照变化易的象数系统来预测、解释自然与人生的变体,如邵雍的《梅花易数》。

上述易、易经、周易、易学四者,是按时间顺序而发展形成的,其影响之地域范围也逐渐增大。今天对易的研究,自我观之,可分为本土易学、海外易学;自全球化视野观之,则易已成为人类之公道,易学已成为天下之公器,须要真正放眼、着手去讨论把握"国际易学"。

本书的研究范围,限定于《周易》六十四卦卦象、卦辞、爻辞的部分,高

---

① 《中华易学》12 卷 12 期,1992 年 2 月。

亨先生称之为《周易》古经,廖名春先生称之为《周易》本经。前者主要基于《易》历史发展的考虑,即该部分《周易》主要成于西周时期,是周王朝《易》的范本;后者则注目于儒家经学体系的范围,即《易传》("十翼")升为儒家经典后亦可称之为"经",则六十四卦卦象、卦辞、爻辞作为全部《易经》之核心,可称为"本经"。研究《易经》、易学,不能局限于《周易》六十四卦卦象、卦辞、爻辞,而应该有注意易学历史发展和区域扩展的眼光;同样,《易经》外译及其跨文化阐释的考察文本也不能只局限于本经,还要注意到《周易》经传及其历代传疏的外译和传播。统言之,这是与《易》本身的生长历史和规律相一致的:易非一时一地之学。易的精神,是随时代、区域而变易,又因时代、区域而制宜的。本书由于时间、篇幅、精力诸方面的限制,虽题为"英语世界的《易经》译介研究",但在考察文本上不得不约束为《周易》本经的英译文本,这是必须说明的。然而这些本经英译文本背后的易学阐释范围和积淀则不仅限于本经,本书作者的研究视野和法度亦不限于本经,这也是需要说明的。

第一章
《易经》英译概况

一、《易经》英译版本的统计与简析

兹结合 Joel Biroco 的《对〈易经〉诸版本的评论考察》("A Critical Survey of I Ching Books")一文和 Edward Hacker、Steve Moore、Lorraine Patsco 合编的《〈易经〉:提要汇编》①,以及笔者所掌握的其他材料,如考狄《中国书目》②、袁同礼《西文汉学书目》③,将《易经》英译基本情况列表如下:

书名	译者	出版社	出版年份	备注
The Red I Ching		An underground publication, a copy in the British Library		A Marxist-Leninist I Ching④
A Translation of the Confucian Yih King or the "Classic of Change" with Notes and Appendix	Thomas McClatchie	Shanghai: American Presbyterian Mission Press, and London: Trubner	1876	重印:Taipei: Ch'eng-wen.1973

---

① Edward Hacker, Steve Moore, and Lorraine Patsco. *I Ching: An Annotated Bibliography*. New York and London: Routledge, 2002.
② Henri Cordier. *Bibliotheca sinica: dictionaire bibliographique des ouvrages relatifs à l'Empire Chinois*. 2nd ed. revised Paris: 1904-1908, 4 v.; suppl., 1922-1924; reprints, Peiping: 1938; Taipei: 1966.
③ Yuan T'ung-li, *China in Western Literature: A Continuation of Cordier's Bibliotheca Sinica*. New Haven: Yale University. 1958.
④ "A Critical Survey of *I Ching* Books".

续表

书名	译者	出版社	出版年份	备注
I Ching	James Legge	Oxford: The Clarendon Press	1882	再版情况①
The Oldest Book of the Chinese: The Yh-king and Its Authors	Terrien de Lacouperie	London: Nutt	1892	
The Yih-King: A new Translation from the Original Chinese by Mgrl C. de Harlez D. L. L. , Professor in the University of Louvain, Belgium	Le Chevalier Charles Joseph de Harlez	Publications of the Oriental University Institute	1896	译自 J. P. Val d'Eremao 的法语版
A New Translation of the Book of Changes by the Master Therion	Aleister Crowley	Hastings, Sussex, England	1921 or earlier	无出版地与出版日期,后多次再版②
The Text of Yi King (and its appendixes) Chinese Original with English Translation	Z. D. Sung(沈仲涛)	Shanghai	1934	据林金水《〈易经〉传入西方考略》,《文史》第二十九辑,北京:中华书局,1988 年 1 月第 1 版,沈译参考了理雅各译本。

---

① Clarendon Press(1899), New York: Dover Publications(1963), New York: Bantam Books (1964), New York and Scarborough: The New American Library(1971), New York: Causeway Books (1973), Avenel, New Jersey: Gramercy Books(1996). Qin Ying ed. *Book of Changes*. Changsha: Hunan Publishing House. 1995. Laura Ross ed. *I Ching: The Book of Changes: Bold-Faced Answers to Eternal Questions of Life, Love, and Career*. New York: Sterling Publishing Company. 2011.

② *The Yi King. The Book of Changes*. No place of publication, no date. *The I Ching*. San Francisco, CA: Level Press. 1974. [by the Master Therion(Aleister Crowley)] *The I Ching. A new translation of the Book of Changes*. Fairfax, CA: O. T. O.. 1989. [by Ko Yuen(Aleister Crowley)] *Yi King or The Book of Changes*. Berkeley, CA: Pangenetor Lodge Publications. 1995.

续表

书名	译者	出版社	出版年份	备注
The I Ching or Book of Changes	Wilhelm (German), Cary F. Baynes (English)	London: Routledge & Kegan Paul	1951	3rd ed., Princeton University Press. 1967.
The Book of Change	John Blofeld	New York: E. P. Dutton & Co.	1965	英国版: London: George Allen & Unwin LTD
Book Chameleon: A New Version in Verse of the Yi King	C. F. Russell	Los Angeles, California	1967	
The Man of Many Qualities: A Legacy of the I Ching	R. G. H. Siu	Cambridge, Massachusetts: The MIT Press	1968	Retitled as *The Portable Dragon: The Western Man's Guide to the I Ching*. 1974.①
The Text of Yi King (And Its Appendixes) Chinese Original with English Translation	Z. D. Sung	New York: Paragon Book Reprint Corp.	1969	上海1935年版的重印版
Secrets of the I Ching	Joseph Murphy	West Nyack, New York: Parker Publishing Company New York: NY Tower Books	1970	
Tai Chi: A Way of Centering and I Ching	Gia-Fu Feng & Jerome Kirk	New York: Collier Books	1970	

---

① "Portable"为轻便,"Dragon"为最具代表性的中国象征,"The Western Man's Guide"点明了明确的受众和功用,这一标题无疑比原书名更容易引起西方读者的注目。

续表

书名	译者	出版社	出版年份	备注
I Ching Book of Changes	Chin Lee and Kay Wong	Tujunga,CA:The K. King Co.	1971	
I Ching:The Book of Changes	Frank J. MacHovec	Mount Vernon, New York:The Peter Pau-per Press	1971	
The Oracle of Change:How to Consult the I Ching	Alfred Douglas	London: Victor Gollancz	1971	
Essential Changes:The Essence of I Ching	Ed. by Walter H. Bowart Trans.by Daniel Lomaz	Tuscon: Omen Press	1972	
I Ching:A New Interpretation for Modern Times	Sam Reifler	New York: Bantam Books	1974	
I Ching Coin Prediction	Da Liu	New York:Harper & Row London & Henley:Routledge & Kegan Paul	1975	
I-Ching:The Hexagrams Revealed	Gary Melyan and Wen-Kuang Chu	Rutland,Vermont and Tokyo,Japan: Charles E. Tuttle Company	1977	Copyright in Japan
Language of the Lines	Nigel Richmond	Wildwood House,London	1977	
Book of Changes:How to Understand and Use the I Ching	Neil Powell	London:Orbis Publishing Limited	1979	重印:London: MacDonald & Company(Under Black Cat Imprint). 1988.

续表

书名	译者	出版社	出版年份	备注
Introduction to the I Ching: The History and Use of the World's Most Ancient System of Divination	Tom Riseman	New York: Samuel Weiser Inc.	1980	重印: Understand-ing the I Ching. Hammersmith, London: The Aquarian Press. 1990.
The Aquarian Book of Change	Patricia E. West	Wilmot, Wisconsin: Red Dragon Press	1981	英国版: Wellingborough, Northamptonshire: The Aquarian Press. 1987.
The I Ching Workbook	R. L. Wing	Garden City, New York: Dolphin/Doubleday & Company	1982	
The Illuminated I Ching	Judy Fox, Karen Hughes, and John Tampion	New York: Arco Publishing	1982	
I Ching: A New Translation	Titus Yu and Douglas Flemons	Privately printed	1983	基于 Titus Yu 的博士论文①
I Ching: The Oracle	Kerson Huang	Singapore: World Scientific Publishing Co.	1984	
The I Ching Coloring Book	Rita Aero, R. L. Wing	New York, Garden City: Doubleday & Company	1984	
The I Ching on Love	Guy Damian-Knight	Poole, Dorset: Blandford Press	1984	

---

① Titus Yu. "The 'I Ching': An Etymological Perspective." Ph. D. diss., in Philosophy: California Institute of Integral Studies, San Francisco. 1983.

续表

书名	译者	出版社	出版年份	备注
The Pocket I Ching	The Richard Wilhelm & C. F. Baynes Translation simplified by W. S. Boardman	London: Routledge & Kegan Paul	1984	Arkana: Penguin Books. 1987.
The Tao of I Ching: Way to Divination	Jou, Tsung Hwa	Taiwan: Tai Chi Foundation	1984	
I Ching	Kerson & Rosemary Huang	New York: Workman Publishing Company	1985	
The Book of Changes, I Ching	Jeffrey Cuff	Bonavista, New Foundland, Canada: Xx Press	1985	
The I Ching Oracle	Nigel Richmond	England: Privately printed	1985	
The Kwan Yin Book of Changes	Diane Stein	St. Paul, Minnesota: Llewellyn Publications	1985	
I Ching: The Book of Changes	Asa Bonnershaw	Santa Barbara: Bandanna Books	1986	
Rediscovering the I Ching	Greg Whincup	Garden City, New York: Doubleday & Company	1986	
The Fortune Teller's I Ching	Martin Palmer, Kwok Man Ho, and Joanne O'Brien	New York: Ballantine Books	1986	
The I Ching of the Goddess	Barbara G. Walker	San Francisco: Harper & Row	1986	

续表

书名	译者	出版社	出版年份	备注
The I Ching on Business & Decision Making: Successful Management Strategy Based on the Ancient Oracle of China	Guy Damian-Knight	Rochester, Vermont: Destiny Books	1986	
The I Ching, The No.1 Success Formula	Christopher Markert	Wellingborough, Northamptonshire: The Aquarian Press	1986	
The Taoist I Ching	Thomas Cleary	Boston & London: Shambhala	1986	译自(清)刘一明撰《周易阐真》(1796)
The Authentic I-Ching	Henry Wei	San Bernadino, California: The Borgo Press	1987	
The Buddhist I Ching	Thomas Cleary	Boston & London: Shambhala	1987	译自(明)智旭撰《周易禅解》(1641)
The Executive I Ching. The Business Oracle	Michael Colmer	New York: Sterling Publishing Co.	1987	Retitled as Business I Ching. London: Blandford Press.1996.
A Guide to the I Ching	Carol K. Anthony	Stow, Massachusetts: Anthony Publishing Company	1988	
The Tao of Organization	Thomas Cleary	Boston & London: Shambhala	1988	摘译了程颐的注解
Healing Lines. A New Interpretation of the I Ching for Healing Inquiries	Robert R. Leichtman and Carl Japikse	Columbus, Ohio: Ariel Press	1989	

续表

书名	译者	出版社	出版年份	备注
I Ching Mandalas	Thomas Cleary	Boston & London: Shambhala	1989	
Consulting the Coins: A New Age Interpretation of the I Ching	Peter Hazel	Melbourne, Sidney, Auckland: Lothian Publishing Company	1990	
Ruling Lines. A New Interpretation of the I Ching for Making Intelligent Decisions—Professionally & Personally	Robert R. Leichtman and Carl Japikse	Columbus, Ohio: Ariel Press	1990	
Self-Development—With The-I Ching: A New Interpretation	Paul Sneddon	London, New York, Toronto, Sydney: Foulsham, Yeovil Road, Slough, Berksire	1990	
Yi Jing	Wu Jing-Nuan	Washington D. C.: The Taoist Center	1991	
Connecting Lines: A New Interpretation of the I Ching for Understanding Personal Relationship	Robert R. Leichtman and Carl Japikse	Atlanta, Georgia: Ariel Press	1992	
I Ching: The Book of Changes (pocket classics)	Thomas Cleary	Boston & London: Shambhala	1992	
The I Ching, Guide to Life's Turning Points	Brian Browne Walker	New York: St. Martin's Press	1992	
The Medical I Ching: Oracle of the Healer Within	Miki Shima	Boulder, CO: Blue Poppy Press	1992	

第一章 《易经》英译概况

续表

书名	译者	出版社	出版年份	备 注
Book of Change	Wang Rong-pei（汪榕培）and Ren Xiu-hua（任秀桦）	Shang Hai: Shanghai Foreign Language Education Press	1993	其他版本: Shanghai Foreign Language Education Press (2007).Hunan Publishing House(2008)
Changing Lines:A New Interpretation of the I Ching for Personal and Spiritual Growth	Robert R. Leichtman and Carl Japikse	Atlanta, Georgia: Ariel Press	1993	
I Ching Clarified:A Practical Guide	Mondo Secter	Rutland, Vermont: Charles E. Tuttle Company	1993	
The Aquarian I Ching	Marshall Pease	New Mexico: Brotherhood of Life	1993	
The I Ching:An Illustrated Guide to the Chinese Art of Divination	Tan Xiaochun (Illustrator), Koh Kok Kiang (Translator)	Singapore: Asiapac Books Pte Ltd.	1993	
I Ching for Beginners	Kristyna Arcarti	London: Hodder & Stoughton(a division of Hodder Headline Plc.)	1994	
I Ching-The First Complete Translation with Concordance-The Classic Chinese Oracle of Change	Rudolf Ritsema & Stephen Karcher	Shaftesbury, Dorset, England: Element Books Ltd., Rockpo-rt, Massachusetts, United States: Element Inc., Milton, Brisba-ne, Australia: Eleme-nt Books Ltd.	1994	据《周易折中》(1715)译

续表

书名	译者	出版社	出版年份	备注
The Classic of Changes: A New Translation of the I Ching as Interpreted by Wang Bi	Richard John Lynn	New York: Columbia University Press	1994	《十翼》和王弼注均有翻译
The I Ching Made Easy: Be Your Own Psychic Advisor Using the World's Oldest Oracle	Roderic & Amy Max Sorrell	Harper San Francisco (a division of HarperCollins Publishers)	1994	
Twelve Channels of the I Ching	Myles Seabrook	London: Blandford	1994	
A New Translation of Yijing	Luo Zhi-ye(罗志野)	Qing Dao: Qingdao Publishing House	1995	
I Ching: The Shamanic Oracle of Change	Martin Palmer, Jay Ramsay, Zhao Xiaomin	London & SanFrancisco: Thorsons (An Imprint Harper Collins Publishers)	1995	
The Everyday I Ching	Sarah Dening	Great Britain: Simon & Schuster Ltd.	1995	
The I Ching: Text and Annotated Translation	Liu Da-jun(刘大钧) & Lin Zhong-jun(林忠军)(modern Chinese trans.); Fu Youde(English trans.), Revised by Frank Lauran	Jinan, China: Shandong Friendship Publishing House	1995	结合《周易》古经和马王堆帛书《易经》翻译
The I Ching: The Book of Changes and How to Use It	Wu Wei	Los Angeles, CA: Power Press	1995	

续表

书名	译者	出版社	出版年份	备注
I Ching for Beginners	Toropov Brandon	New York: Writers and Readers Publishing	1996	
I Ching: The Mystical Arts	Lauren D. Peden	New York: Warner Books	1996	
Zhouyi: The Book of Changes	Richard Rutt	England: Curzon Press	1996	
A Woman's I Ching	Diane Stein	Freedom, California: The Crossing Press	1997	
I Ching: The Classic of Changes	Edward Louis Shaughnessy	New York: Ballantine Books	1997	马王堆帛书《易经》的首个英译版本
The I Ching Workbook	Wu Wei	Los Angeles, CA: Power Press	1997	
The Time Traveller's Guide to the Future	Daemon Goodhope	London: Bloomsbury Publishing	1997	
The Complete I Ching: The Definitive Translation from the Taoist Master Alfred Huang	Alfred Huang	Rochester, Vermont: Inner Traditions	1998	
The Zhou Book of Change	Fu Hui-sheng(傅惠生)	Ji Nan: Shandong Friendship Press	2000	
The Living I Ching: Using Ancient Chinese Wisdom to Shape Your Life	Deng Ming-Dao	HarperOne(An Imprint HarperCollins Publishers)	2006	
The Original I Ching: an authentic translation of The book of Changes	Margaret J. Pearson	North Clarendon, VT: Tuttle Publishing	2011	

续表

书名	译者	出版社	出版年份	备注
I Ching: The Ancient Chinese Book of Changes	Neil Powell	Great Britain: Amber Books	2013	
I Ching: The Essential Translation of Ancient Chinese Oracle and Book of Wisdom	John Minford	New York: Viking/Penguin Classics	2014	

上表共列出《易经》的不同英译版本87个,跟Joel Biroco的统计相比又有了大幅增加。但这仍是不完全统计,而且受条件限制,笔者也未能对21世纪以来出现的新译本做充分考察和统计。但我们应该可以说,迄今为止,《易经》英译已逾100个版本。

以统计和考察现已较为充分的19世纪后期至20世纪的译本为范围,我们可以略做简单分析:

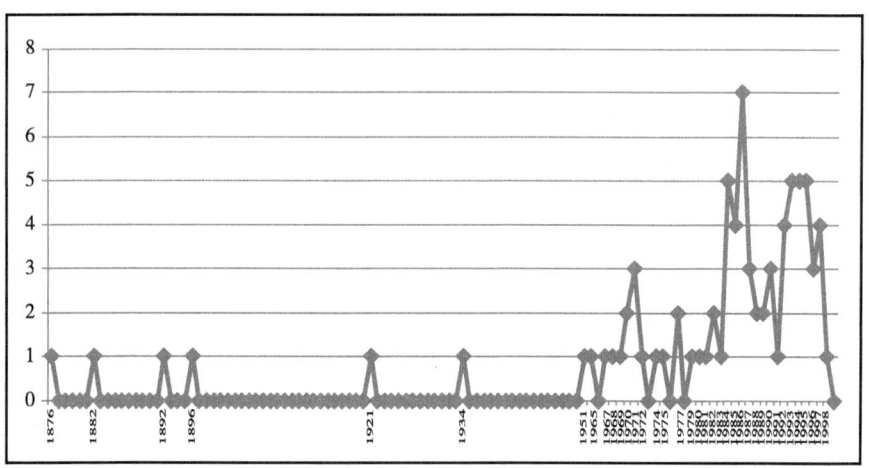

图1 《易经》英译历年版本数量统计图

可见一个多世纪以来,《易经》英译推陈出新的时间间隔越来越短,尤其是自20世纪70年代以来,呈现密集出版的状态。这一情形当然归原于在世界大战与和平交往中全球化进程不断加速的世界格局大背景。更具体地看，则是因为以理雅各译本、卫礼贤和贝恩斯译本之双璧为代表的优秀译本经过一段时期的流传之后，海外对《易经》及易学的认识和研究有了较为深厚的积淀。尽管理雅各和卫礼贤对《易经》本经的翻译很难超越，但是根据《易经》的众多注本和新的出土文献，再考虑到新的时代和不同市场的需求，《易经》英译工作仍有很从容的推进余地。

　　至于21世纪以来的情况，除理雅各译本、卫礼贤和贝恩斯译本继续一版再版和不断被重新组装之外，20世纪后期经过市场删汰后得到公认的一些优秀译本（如 Richard John Lynn、Richard Rutt、Alfred Huang、Edward Louis Shaughnessy、John Minford 的译本）也多次再版，因此《易经》新译本的推出有所降温。同时，笔者也注意到20世纪后期至今的《易经》海外传播的三个新情况：其一，在许多译本中，《易经》本经的翻译被简化，《易传》的翻译被缩削，而阐释与发挥的部分占了更大篇幅；其二，易学研究的专著和论文收录在不断增加；其三，与《易经》有关的其他中国先贤著作，如《灵棋经》、扬雄《太玄经》和邵雍《皇极经世》，得到了较为全面深入的译介。①

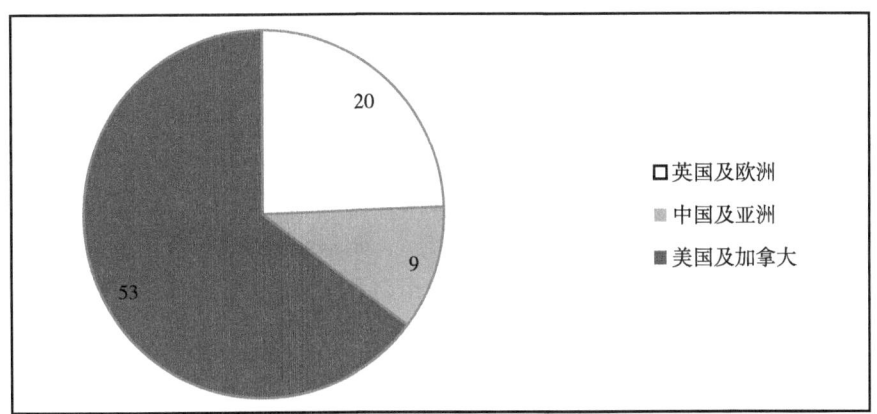

图2　《易经》英译出版地区分布图

---

① 如：Ralph D. Sawyer and Mei-chün Lee Sawyer. *Ling Ch'i Ching*：*A Classic Chinese Oracle*. Boston and London：Shambhala. 1995. Ivan Kashiwa. *Spirit Tokens of the Ling Qi Jing*. New York：Weatherhill. 1997. Derek Walters. *The T'ai Hsüan Ching*：*The Hidden Classic*. Wellingborough, Northamptonshire：The Aquarian Press. 1983. Michael Nylan. *The Canon of Supreme Mystery by Yang Hsiung*. Albany：State University of New York Press. 1993. Anne D. Birdwhistell. *Transition to Neo-Confucianism*：*Shao Yung on Knowledge and Symbols of Reality*. Stanford, California：Stanford University Press. 1989. Don Juan Wyatt. *The Recluse of Loyang*：*Shao Yung and the Moral Evolution of Early Sung Thought*. Honolulu：University of Hawaii Press. 1996.

按照同样的时期统计,1876年至1998年的81个版本中,根据出版地区不同(如同时在多个地区出版,则按译者国籍或版权所在地区统计),英国及欧洲占20个,中国及亚洲占9个,美国及加拿大占53个,而且主要出版地区由英国转向美国的情况显而易见,这也与国际中国文化研究(或汉学)主导权由欧洲移往美国的历史状况相符。此外,我们也看到《易经》从本土或周边地区出发的对外传播虽然一直未曾中断,但一直没有发挥大的影响力。这说明在继续推出中国制造的优秀译本这一使命上,我们还有很大的进步空间。

二、《易经》英译诸版本的同与异

需要指出的是,这些版本相互对照,可能存在很大差异,其原因主要有以下几方面:

其一,译者意图不同。有些译者主要抱持研究用心,谨慎循照原文本;有些译者主要基于个人学习体悟的兴趣与心得,自由发挥较多;在学术研究和文化传播、普及、交流之外,还有些译者预期将《易经》施用于占星卜课、股市分析、心理治疗等专门领域。比如诗人、艺术家Karen Holden 的 *Book of Changes*① 已经不仅仅是"六经注我",而直以《易经》为药引,进行了诗歌的再创造,给出了她自己的卦爻辞,因此不当归入《易经》的英译版本中。

其二,翻译范围不同。狭义的《易经》指六十四卦及其卦爻辞,首"艮卦"者为夏之《连山》,首"坤卦"者为商之《归藏》,首"乾卦"者为周之《周易》;广义的《易经》包括《易经》和《易传》,即在本经之外,还有《彖》上下传、《象》上下传(《大象》《小象》)、《文言》《系辞》上下传、《说卦》《序卦》《杂卦》这《十翼》。诸多版本既然主要以西方普通读者为受众,所以大多侧重本经之翻译,对于《易传》更多的是介绍及选译,全译本只有少数几家。他如Gerald William Swanson 的博士论文,作者自述该书首次直接将《易大传》由中文译成英文。② 这也实属《易经》英译的重要进展,但传本用

---

① Karen Holden. *Book of Changes*. Berkeley, California: North Atlantic Books. 1998.
② Gerald William Swanson. "The Great Treatise: Commentary Tradition to the *Book of Changes*." Ph. D. diss., University of Washington. 1974. 作者自述:"This study represents the third English Language translation of the *Great Treatise* in the last hundred years. It is the first translation directly from Chinese to English which provides commentary and analysis of the main ideas of the text(p.1)."转引自 Edward Hacker, Steve Moore, and Lorraine Patsco. *I Ching: An Annotated Bibliography*. New York and London: Routledge. 2002. p. 134, [423].

以解经,不能离经独存,是故单独的《易传》英译其功绩主要在于学术研究的累积铺垫层面,难以直接达到一般《易经》英译的传播功效,只好委屈它作为基本统计之外的备案。此外,程颐《易传》、朱熹《周易本义》等后世易学的著述,固然非常重要,但更是超出了《易经》经传的范围,应该专门纳入"经典易学英译"的研究。

其三,依照底本不同。例如理雅各主要参照的是《御制日讲易经解义》(1693)和《周易折中》(1715)中朱熹《易学启蒙》及《周易本义》的部分;卫礼贤的德译主要依照《周易折中》;Margaret J. Pearson 的 The Original I Ching[①] 主要遵从王弼的《周易注》[②],意在传达《易经》最原始的面貌。另外20世纪70年代以来的《易经》出土文献,如湖北王家台《归藏》、马王堆帛书《周易》(包括《系辞》《二三子问》《衷》《要》《缪和》《昭力》六篇《易传》)、上博楚简《周易》等,也部分进入了新时期海内外译者的视域。

对于这些《易经》英译的具体考量和细致剖析,可以用到六项"W"尺规,即 Who, What, When, Where, How, Why,以期在这一繁重的研究工作中抓住重点:

Who,英译者是谁,他是怎样的人,有着何种汉学背景?

What,他所依凭的原文本是何种版本,或主要凭靠哪一版本,又参照了哪些旁的版本?

When,他从事翻译的时期有着怎样的时代背景,彼时东西方交流进展到哪一阶段?

Where,他在何处从事翻译工作,本土或中国,或两地兼有,他所在的政治经济文化的社会环境对他有何等影响?

How,他进行翻译的标准是怎样的,采取了哪些翻译策略,从而使译本呈现出怎样的风貌?

Why,译本最终的呈现缘何如此,与作者的身份经历、与原文本的择取、与时代和社会的环境、与翻译的策略和技巧有何种关联?

如是,庶几可以排沙见金,从良莠不齐的众多译本中揄扬佳译,并使

---

① Margaret J. Pearson. *The Original I Ching: an authentic translation of The book of Changes*. North Clarendon, VT: Tuttle Publishing. 2011. Margaret J. Pearson 师从卫礼贤之子 Hellmut Wilhelm。

② Margaret J. Pearson 所据版本为:王弼著,楼宇烈校释《王弼集校释》,北京:中华书局,1980年8月第1版。王弼《周易注》以费直古文《易》为本,以《彖》《象》《文言》解经,去术数而崇义理;且援《老》解《易》,引入"三玄"的魏晋玄学风尚。

《易经》英译与传播朝着更为美善的方向推进。

三、《易经》英译诸版本的整体风貌

从跨文化交流的角度可以大致分出《易经》英译发展的三个历史阶段：

第一期主要在19世纪下半叶，以理雅各为代表的西方传教士为主要译者，其目的是理解与介绍中国文化，为西方宗教、文化的输出做基垫；

第二期主要在20世纪上半叶，以由卫礼贤德译本转译而来的贝恩斯英译本为代表，其主要目的是诠释中国文化，以异质文化为西方传统文化提供新的借鉴；

第三期从20世纪中叶至今，体现为现代译本的百花齐放，既有中国本土译者的文化输出的主动意识的增进，又有英国及欧洲大陆传统的文化输入的发展，还有以美国为代表的多元文化互动的积极诉求，它们主要都是将《易经》作为全球多元文化相互交流与理解的载体来翻译的。

理雅各译本与卫礼贤、贝恩斯译本，至今仍都是《周易》外文翻译及海外"易学"研究的重要圭臬。其中，贝恩斯以卫礼贤德译本为底本的英译本，虽然不是最直接的英译本，但是其所处时期上承传教士以宗教理念为主要译介寄托的时代，下接当代通过翻译促进多元文化互释互知求和求进的时代，体现出跨文化交流与沟通的过渡阶段特征。例如与理雅各译本相较，虽然都极尽其忠实原文本之工，但卫礼贤、贝恩斯译本在语言处理上体现出更多的异化特色，这两个版本两相参照，可以作为跨文化阐释研究的典型案例。

综览《易经》海外英译的诸多版本，一言以蔽之，是"用"过于"体"。这从译者的译介倾向、译作的文本呈现、读者（或市场）的（受预期以及被时间所检验的）接受兴趣三方面看皆如此。尽管自理雅各、卫礼贤、贝恩斯译本之后，贴合学术研究的译本仍有不少，但更多的译本仍以实际应用为目的。这些译本往往在封面书名上就开始自我营销，明示可用于日常占卜、经济分析、修身养性、习练功夫、心理治疗、亲近宗教等各个社会活动层面；在内容上也往往不以翻译为重点，而是将翻译的阐释功用放大，翻译过核心原文本之后，将很大篇幅放在解释如何致用方面。其实自理雅各翻译《易经》以辅助传教事业始，便可见《易经》英译的整体风貌早就如此。像卫礼贤那样浸淫于中华文化表里数十年，诚心服膺并潜心研习《易经》的情况，只是特例。这一情状，诚如李庆本先生在《中华文化对外传播的理由和途径》一文中所言："文化传播，最先和最容易得到传播的是物质层面的文化，其次是制度层面的文化，最后才是精神层面的文化。"①这是因为，越是在文化的表层，越是接近人类共同的基本的生存物质需要，越是容易接受和消化；而越是往文化的深层，越是受限也越是适应于不同的地区社会环境，就越是各各不同，文化的传播与收受也就更需要交通双方反复的耐心；但到了文化的最核心层面，不同文化的相互理解又变得晓畅，因为对美善、和平、自由等人性向上一面的共同追求又为全人类共通。在同一篇文章中，李庆本归纳道："如果说吃、穿、住是人类三种最基本的物质生活需要的话，那么智、意、情则是人类三种最基本的精神生活需要。"②这正如一群兄弟姐妹分道扬镳，或骑马，或驾车，或行舟，周游世界之后，终究会殊途同归，再度聚首。

如此看《易经》西传，再设一喻，正如厨人拿到进口食材，怕本国食客不知如何动用刀叉，或者担心不合他们口味，又或者异域食物于本土肠胃不好消化，所以便用当地的各种烹饪方法加工，再徐图引进道地的外国做法。何况这《易经》"淡妆浓抹总相宜"，经得住各式改造，也正证明了其作为"群经之首"的精宏。所以，对于《易经》英译"体"过于"用"，或"术数"盖过"义理"的情形，倒不必介怀③；而《易经》其译其用的长盛不衰，也正说明中西文化都不脱"一阴一阳之谓道"的范畴，异构而同素，尽管可能有六十四卦般纷繁的"变易"，仍旧有八卦相错这般"易简"的通约性可循，终究还是归到一个互生互成的"不易"的人类文明共同体。

当然，《易经》英译版本流变至今的情形，也说明了在传达《易经》内涵与精神方面，无论是国内还是海外的译者，都多少有些力有不逮。举一个简单的例子，对于《易经》占卜方法的介绍，多数译本还是倾向于介绍金钱卦，而对较为复杂的揲蓍之法则很少论及。这或许是因为前者相当于掷硬

---

① 李庆本《跨文化美学：超越中西二元论模式》，长春：长春出版社，2011年7月第1版，第179页。
② 《跨文化美学：超越中西二元论模式》，第178页。
③ 中国传统易学的义理、象数二派，似乎前者更有道德上的优越感和哲理上的优越性，但是从易学的推广流传的实际情况和客观规律来看，也还是要由"浅"入"深"，由"表"及"里"，由"用"悟"体"。

币的升级版本,容易理解和掌握;而且前者随机性更大,更多游戏的意味,后者则暗含精密的数学机制和特有的思维范式,较难得到理解和认可。所以,《易经》英译的详与略、精与粗、此与彼所折射的,是关于文化传播与交流的更大问题。王宁指出:"在使中国文化和文学有效地走向世界的过程中,我们离不开翻译的中介作用,同时,我们更不应当忽视翻译在不同的民族文化以及民族主义与世界主义之间所起到的协调作用。随着全球化时代文化交流和文化对话的深入,这种文化协调的作用将越来越得到彰显。"[①]我们所诚心期望的是,《易经》已经包含了这一问题的答案,而在构筑《易经》英译桥梁的匠师和桥上的行人中,有人正走在参透这一奥秘的道路上。

---

① 王宁《民族主义、世界主义与翻译的文化协调作用》,载《中国翻译》2012年第3期。

第二章
国内《易经》英译研究现状

一、国内《易经》英译研究的基本情况

国内关于《易经》英译的研究现状,根据笔者的统计,自 1985 年截至 2012 年 9 月,计有期刊论文 36 篇,硕士论文 4 篇,博士论文 0 篇,为数不多。此外,因为西方对《易经》的研习(或曰海外易学)与《易经》英译的不断发展伴随始终,因此,也将中国学者对海外易学发展情况的评述文章列入统计与考察的范围。对这部分研究成果的统计,根据笔者的了解,期刊论文篇数统计折线图如下:

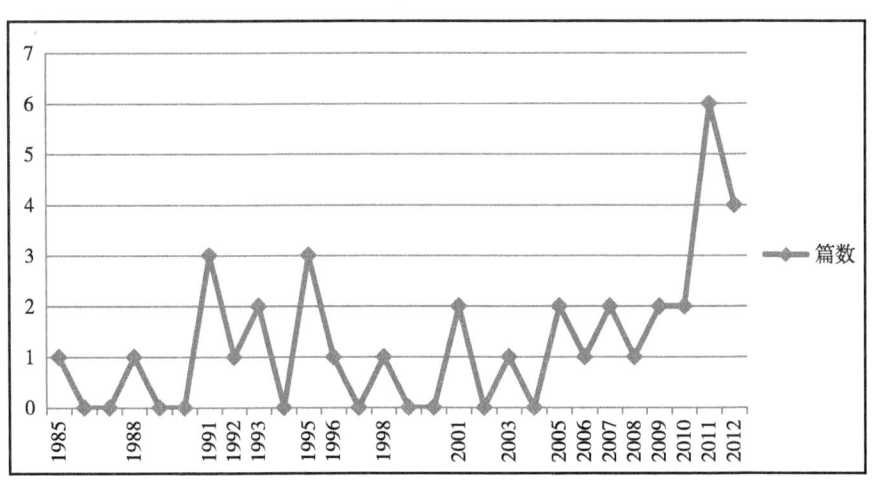

图 3　期刊篇数统计折线图

可见,近30年来《易经》英译研究一直处在不温不火的状态,虽然在进入21世纪后几乎每年都有研究成果发表,尤其在2011、2012两年有10篇相关论文发表,差不多占到近30年总数的1/3,但寥寥的篇数还是反映了这一研究领域的冷清,这一状况还可以从下图见出:

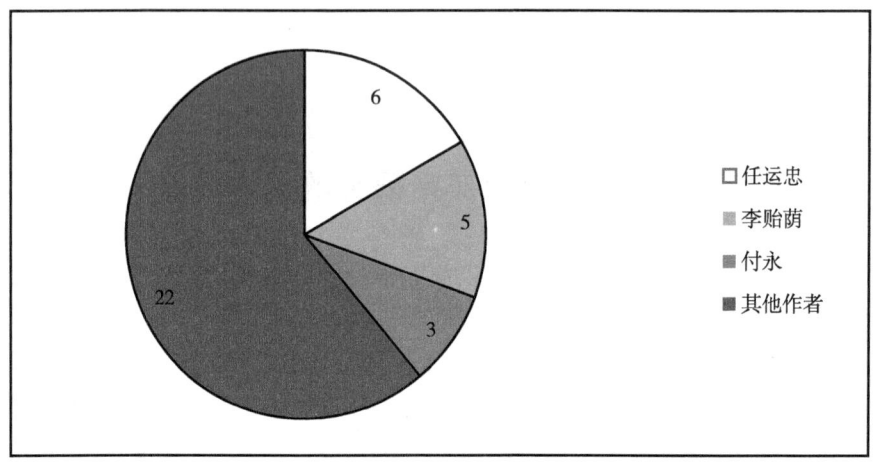

图4　期刊论文作者发表篇数

其中,李贻荫发表5篇(其中,作为第一作者的2篇,作为第二作者的1篇),集中在1991年至1995年,这5年中相关论文9篇,李贻荫发表的占一半以上;任运忠发表6篇(其中,作为第一作者的1篇),集中在2006年至2009年,2006年至2010年这5年中相关论文仅有8篇,任运忠发表的占到3/4;付永发表3篇(均为第一作者),2011年2篇,2012年1篇,今后可能会有更多研究成果发表。这三位学者发表的期刊论文篇数占到近30年总篇数的四成,也可佐证这一研究领域的沉寂。

此外,目前为止的4篇硕士学位论文依次是:杨健《文化翻译与翻译文化——从〈易经〉的三个英译本看文化翻译模式》,上海外国语大学,英语语言文学翻译,2005年;李丹《〈周易〉英译之研究》,四川大学,外国语言学及应用语言学,2005年;郑和明《理雅各、贝恩斯英译〈周易〉比较研究》,福建师范大学,英语语言文学,2006年;龚成云《从翻译目的论看〈易经〉中文化负载词的翻译》,四川外语学院,英语语言文学,2010年。由于硕士学位论文所要求的研究深度和专业重点限制,其研究主要在英语文学、语言学及翻译学的框架中进行,所以对于《易经》英译研究来说,还存在很大的推进拓展空间。

二、国内《易经》英译研究的进展

结合已发表的部分重要论文,我们可以对国内学者对于《易经》英译的研究进展做一概览。

1.较早对《易经》英译情况做介绍的文章,有柯大诩发表于《读书》1985年第6期《海外书讯》栏目的《英译〈易经〉》一文。柯大诩所介绍的译本是1980年重印的贝恩斯的英译本(*The I Ching*, trans. By Richard Wilhelm, Princeton University Press, 1980)。作者认为,我国研究《易经》的传统虽然悠久,但缺乏现代观点,而现代研究者虽有不少新发现,却还没有完整系统地对《易经》加以整理的著述。因此参阅《易经》的海外译本,对于增进对《易经》的现代理解是有好处的。柯大诩扼要介绍了荣格序言的观点:西方传统哲学重因果性,置为公理,而忽视偶然性,中国则相反。《易经》正是研究偶然性的各种情形。近代物理发现,因果性只是统计上的正确,宇宙本身是偶然性的。柯大诩对此是赞同的。他又认为西方现代研究者仍停留在将《易经》作为卜筮之用这一阶段,而在中国,自王弼之后,则更将《易经》作为"一本'处事应变的指南'"。柯大诩认为这一译本的缺点是过于陈旧,没有吸收新近的研究成果。例如"无妄"中的"无妄之灾"译为"undeserved misfortune",而新解"妄"通"望"字,"无妄之灾"后面说"勿药",解为"无希望之灾祸"更妥。作者指出:"《易》和《诗》一样,到了今日,只凭先儒传下的注解是绝对不够的,须得由文字学,人类学,考古学……各方面的研究去创新解,才能回复它原来的面目。"柯大诩先生意在简要介绍贝恩斯译本的概貌,以引起国内研究者的关注,因此没有展开详尽的分析和充分的批判。

2.林金水的《〈易经〉传入西方考略》收录于《文史》第二十九辑,将《易经》在西方的传播分为两个历史阶段并做具体介绍:17世纪末至19世纪30年代、19世纪70年代至1949年。林先生提及康熙关注并指导耶稣会士白晋等传教士译介《易经》的史料尤其值得注意。康熙在一段谕旨中说:

白晋释《易经》，必将诸书俱看，方可以考验；若以为不同道，则不看，自出己意敷衍，恐正书不能完，即如邵康节乃深明易理者，其所有占验，乃门人所记，非康节本旨，若不即其数之精微以考查，则无所倚，何以为凭据？尔可对白晋说：必将古书细心校阅，不可因其不道即不看；所释之书，何时能完，必当完了才是。

康熙指出释《易》、译《易》须从学《易》入手，且须有始有终，不可断章取义。这一点对于我们今天的《易经》英译及其研究，仍具有指导意义。林金水先生对截至20世纪中后期的西方《易经》翻译及传播的情况的介绍详尽且深入，他在文末呼唤反映中国学者研究《易经》成果的新译本的尽快出现，时至今日仍有鞭策意义。

3. 楼格在《周易研究》1991年第2期首次完整译介了瑞士心理学家、分析心理学的创始人荣格（Carl Gustav Jung）为贝恩斯的《易经》英译版所作的前言；据笔者在中国知网（CNKI）上的检索，译者仅在这篇译稿中使用了"楼格"这一笔名。楼格在"译者按"中提及他在1991年《北京大学学报》上发表了《潜意识在哪里？》一文，而根据《北京大学学报（哲学社会科学版）》1991年第6期上的《〈北京大学学报〉一九九一年度分类总目录》，题目相近的只有发表在1991年第2期、署名为"范文"的《论社会潜意识》（当为刊发时改定的题目）一文。这两篇文章都没有译者或作者简介。经查，范文发表在《陕西师大学报（哲学社会科学版）》1992年第2期的《潜意识哲学引论》一文有作者简介，作者范文系北京大学和英国剑桥大学联合培养博士，当时在陕西师范大学马列教研部工作，《潜意识哲学引论》是作者博士论文《潜意识哲学导论》的一部分。查阅中国国家图书馆馆藏论文，这部博士论文当时题为《关于潜意识的哲学》。陕西人民出版社于1995年4月将其出版，题为《潜意识哲学》。范文（楼格）彼时的研究重点虽不在《易经》及其英译，但是他对荣格这篇前言的译介，对于打开国内研究者对于《易经》海外研究的视阈，无疑起到了重要的先锋作用。

4. 蓝仁哲发表于《四川外语学院学报》1991年第2期的《〈易经〉在欧洲的传播——兼评利雅格和卫礼贤的〈易经〉译本》开篇自承："本文拟从历史的角度，回顾和论述《易经》在欧洲传播的几个不同时期，同时评介欧洲两大翻译家、易学家利雅格和卫礼贤各自的《易经》译本。"蓝仁哲将《易经》在欧洲的传播史分为三个时期：

第一个时期："从欧洲来华传教士开始译介《易经》（即17世纪中叶）到18世纪末叶，可视为《易经》在欧洲传播的第一个时期，前后延续150年左右。这个时期的译本以拉丁文出现，尚不完备。"

第二个时期："第二个时期（19世纪至20世纪初）以更多更完整的《易经》译本的出现为鲜明特点。……这些译本的问世。促使了更多汉学家依据新译本去进一步研究《易经》。"其中，1876年，McClatchie在上海印行的题名为《儒家易经》的译本中，提出了生殖崇拜的观点及比较神话学的种种大胆见解，理雅各的英译本也出现在这一时期。

第三个时期："《易经》在欧洲传播的第三个时期以卫礼贤（Richard Wilhelm）的德文译本的出现（1924）为开端。"

之后，蓝仁哲对理雅各英译本和卫礼贤德译本进行了较为详尽的介绍，并辨析了两者的不同阐释倾向，即理雅各译本止于直译而卫礼贤译本倾向意译且重占筮之应用。

5.李贻荫发表在《读书》1991年第10期的《易学在西方》，谈到《易经》及易学在西方多被归到星占学、预测学、数理学的研究及应用领域，这是对西方对《易经》收受的文化心理的简略考察。

6.发表在《读书》1992年第1期的《〈周易〉西行——关于〈周易〉的德译与英译》，署名"凡木"，实为著名哲学家、翻译家徐梵澄先生所作。徐梵澄先生在这篇文章中从卫礼贤的《易经》德译、教授过卫礼贤的名儒劳乃宣说开去，意在指点易学全局。其中，徐梵澄先生点出卫礼贤的《易经》翻译实为《易经》研究，道出了翻译背后的深广文化意蕴。此文又收入任继愈主编《国际汉学》2004年9月第11辑"纪念徐梵澄先生诞辰95周年"专题中。

7.杨宏声的《易学西传探微》发表在《上海社会科学院学术季刊》1993年第3期，提出将《易经》西传时间前推至欧洲中世纪乃至古希腊罗马时代的意见，但作者也自承这是一种"'近代以前易学西传'假说"。在没有发现更多证据之前，我们只能聊备一家之言。杨宏声将近代之前《易经》西传历史分成：

①《易经》传入西方的"传说时期"。重要的考古材料有1987年末至1988年初在美国洛杉矶"《易经》考古学研讨会"上展出的一件希腊出土的3200年前的陶盆，上用殷代文字刻有："连山八卦图，中国之历数，在遥远

之东方。"然而这陶盆的来历和用语很值得怀疑,不足为据。

②易学西传的"信史时期"或"古代时期"。以阿拉伯世界为欧洲与中国之间的媒介,以汉、唐、宋、元等几个中国对外交流较为活跃的时期为代表,与幻方相关的河图、洛书与炼丹术有关的《周易参同契》传入西方。主要参考文献有李约瑟的《中国的科学与文明》。

8.《〈易经〉两种英译的比较》这篇由李贻荫、王平发表在《外语与外语教学》1993年第4期的论文在研究上的一大推进是通过与卫礼贤、贝恩斯译本的比较,对 Da Liu 的《易经金钱卦》(*I Ching Coin Prediction*)这一英译本进行了考察。

9.《〈易经〉四种英译的比较研究——欢呼新中国成立后国人自译的"汪任译本"出版》的作者仍为李贻荫、王平,分两部分发表于《外语与外语教学》1995年第2期与第4期。通过对理雅各、卫礼贤和贝恩斯、Da Liu、汪榕培和任秀桦四个译本中乾、坤、屯三卦译文的比照分析,作者得出了"汪任译本"后来居上的结论。作者的具体阐释缺乏对《易经》本文的深入理解(例如乾卦爻辞中"朋"字四个译本均解作"朋友",而作者如对当代《易经》研究有深入考察,即便同意这一理解,也应该指出"朋"更符合《易经》生成时代语境的"朋贝"这一解释),对这四种译文的优劣评析也显得泛泛,因此缺乏说服力。但是,就国内学界对《易经》英译的实际比较考察而言,这篇论文无论在范围还是在程度上都取得了一定进展。①

10.张西平《〈易经〉在西方早期的传播》发表在《中国文化研究》1998年04期,从传播学角度评析了《易经》在西方的早期传播情况,主要对16世纪后期至18世纪末,意、法两国的在华耶稣会士译介《易经》、研究易学的情况进行了整理。张西平先生对《易经》西传历史的研究未曾中止,他发表于《历史研究》2006年03期的《中西文化的一次对话:清初传教士与〈易经〉研究》,主要对清初康熙年间白晋等耶稣会士研究《易经》的情况进行了更为细致的考察和更为深入的评价。

---

① 之后,李贻荫发表于《淮阴师范学院学报(哲学社会科学版)》1995年第4期的《〈易经·谦卦〉的英译》,李贻荫、张次兵发表于《长沙水电师院社会科学学报》1995年第4期的《比较〈易经〉三卦的四种英译》,继续根据理雅各、卫礼贤和贝恩斯、Da Liu、汪榕培和任秀桦四个译本,分别对"谦""否""同人""大有"这四个卦的卦爻辞英译进行了分析,但在研究方法和深度上甚少进步。李梅发表在《吴中学刊》1996年第3期的《〈周易〉"豫""随"两卦的四种英译比较》承袭了李贻荫所用译本和方法,继续对"豫""随"两卦英译进行了分析。

三、国内《易经》英译研究水平刍议

由上述笔者所搜集的材料可见,国内对于《易经》英译的研究可大致分为三个阶段:

(一)20世纪80年代(甚至更早)至90年代初,出现在国内学界视域中的主要是译介《易经》英译总体情况的相关论文,而且学者学养与学力相对较高,甚至为学界泰斗(如徐梵澄先生),由于他们学术眼界开阔,也因为他们学术涉猎广远,故可说是余力及此,并未专门就《易经》英译这一课题深挖下去;

(二)20世纪90年代,以李贻荫及其学生为主,开始根据几个译本进行具体评析,但由于他们的工作主要停留在语篇分析层面,也缺乏对国内易学的深入研究与理解,因此这一事业既未完成也未打开《易经》英译研究的局面;

(三)20世纪90年代后期至21世纪初期(即今),随着国内汉学研究力量的积淀(如1993年、1996年、1998年,《国际汉学》《汉学研究》《世界汉学》相继创刊),对《易经》英译的关注逐渐增多,具体的分析、宏观的批评、多样的理论方法、更大的研究框架都开始出现,也出现了专门的硕士论文,但总体而论,仍没有超出第一阶段的研究水平,一是对译本的掌握和认识仍停留在以理雅各、卫礼贤和贝恩斯译本为主的程度,二是没有与深入理解《易经》、潜心研究易学相结合,三是对海外《易经》英译研究和易学的真实情况的最新进展不甚了了。一言以蔽之,是功夫仍未下到,眼界仍未开阔,疆界仍未开拓。

如果严苛地评价,那么目前的国内研究状况,就宏观评析文章而论,相对滞后,重复工作较多;就具体阐析文章而论,缺乏学术信服力,对译本的高下评判缺乏准则和依据。因此,目前的研究可供国内易学界接受的养分较少,甚至不少错谬肤浅之论,也难以与海外易学界真正地接轨,从国内外两面来看都近乎无源之水、无本之木,处在自说自话、自我复制的尴尬境地。当然,如此的评价是过于苛刻了,万事开头难,筚路蓝缕之功,虽毫末亦难能可贵,学问也不可能一蹴而就,需要几代人的积累才能完成。正是由于国内学人在《易经》英译这一课题上取得的成绩,才让笔者能够有话可说、有感可发。

第三章
理雅各译本:传教士译介《易经》的顶峰

一、理雅各之前欧洲对《易经》的译介

西方世界对《易经》较为全面的了解和译介始于欧洲耶稣会士来华时期。彼时,中国的康雍乾三朝处在清代240余年统治的鼎盛时期,而欧洲诸强开始在世界舞台上崛起。以中国为主体的东亚对于18世纪的欧洲来说是一方神秘而富饶的庞大版图,但自命天朝上国的中国对于它视野之外的异域并没有好奇心。当时在欧洲大陆仍有相当影响力的天主教为了压制迅速崛起的新教,亟欲在海外扩展它的势力,因而在拥有2亿人口的中华帝国传教意义重大;同时欧洲各国君主出于巩固统治、确立霸权等方面的考虑,也需要与在当时仍然强大富饶的中国进行交流。在这种世界格局中,中西两种文明形成了不可避免的交流和碰撞。中国的国情是君主专制与中央集权,因此,要进入这个古老而傲慢的国度,就不得不首先取得皇帝的信任和支持。而在中国皇帝眼中,中国作为天朝上国,在任何方面都是优于世界上其他国家的,唯有西方的绘画、器物等"奇技淫巧",才能作为帝王宫廷生活的点缀。所以耶稣会以及路易十八等欧洲君主纷纷派遣科学家和艺术家进入清廷当值,在康雍乾三帝"因人容教"的对外政策中揣摩这个古老帝国的文化心理。

儒家思想自汉代以降就在中国取得了官方的权威地位。而《易经》高居儒家"四书五经"的核心,也引起了来华耶稣会士的高度注意。同时,由于易的严密体系不逊色于西方的数理逻辑,而且将外在的自然时空与内在的心灵世界汇于一体,中国的统治阶层也乐于向西人推介《易经》,例如,康熙即督促居于宫廷中的法国传教士白晋研习《易经》。因此,拉丁文、法文的《易经》节译与介绍便经由传教士的信函传到了欧洲。

在此一时期的积淀后,英国圣公会传教士 McClatchie 于 1876 年在上海出版了《易经》的第一个英文全译本①。但这个版本颇多译者的臆解和自由发挥,并不可信。理雅各在其译本的前言中较为克制地批评了这个版本,认为它对自己的译本毫无帮助。

伦敦大学教授、法国东方学者 Albert Étienne Jean Baptiste Terrien de Lacouperie(1845—1894)的 The Oldest Book of The Chinese, the Yh-king, and its Authors 于 1882 至 1883 年在《皇家亚洲学会学报》(Journ. R. As. Soc.)上发表,1892 年汇编出版。Lacouperie 出于论述的需要,选译了《易经》的部分象爻辞。

二、理雅各的中华经典翻译事业

理雅各(James Legge,1815—1897)是享有盛名的英国苏格兰汉学家,国内外学界对他的研究已较充分,如收入阎纯德、吴志良主编的"列国汉学史书系"的吴伏生《汉诗英译研究:理雅各、翟理斯、韦利、庞德》②,对理雅各的汉学事业尤其是《诗经》《离骚》英译做了专章评述,吉瑞德(Norman J. Girardot)的《朝觐东方:理雅各评传》(The Victorian Translation of China, James Legge's Oriental Pilgrimage)③一书曾获美国宗教学会宗教历史研究著作奖、美国历史学会费正清奖,亦于 2011 年译入中国。此外的期刊论文和硕博士论文更是数以千计。

理雅各在 1861—1872 年期间相继出版《中国经典》(The Chinese Classics)④,包括:《论语》《大学》与《中庸》⑤(第一卷,1861 年);《孟子》⑥(第

---

① 理雅各在其译本前言中提道:"In 1876 the Rev. Canon McClatchie, M. A., published a version at Shanghai with the title, 'A Translation of the Confucian Yî King, or the "Classic of Changes," with Notes and Appendix.' "James Legge. *The Yî King or Book of Changes*. Oxford: The Clarendon Press, 1882. p. xvii.

② 吴伏生《汉诗英译研究:理雅各、翟理斯、韦利、庞德》,阎纯德,吴志良主编,"列国汉学史书系",北京:学苑出版社,2012 年 6 月第 1 版。

③ [美]吉瑞德(Norman J. Girardot)著,段怀清、周俐玲译《朝觐东方:理雅各评传》(The Victorian Translation of China, James Legge's Oriental Pilgrimage),周振鹤主编,"来华基督教传教士传记丛书",桂林:广西师范大学出版社,2011 年 1 月第 1 版。

④ *The Chinese Classics: with a Translation, Critical and Exegetical Notes, Prolegomena, and Copious Indexes*, 5 vols., Hong Kong: Legge; London: Trubner, 1861–1872.

⑤ *Confucian Analects, the Great Learning, and the Doctrine of the Mean* (1861). Revised second edition (1893), Oxford: Clarendon Press, reprinted by Cosimo in 2006.

⑥ *The works of Mencius* (1861), Revised second edition (1895), Oxford: Clarendon Press, reprinted by Dover Books in 1990.

二卷,1861年);《书经》《竹书纪年》①(第三卷,1865年);《诗经》②(第四卷,1871年);《春秋》《左传》③(第五卷,1872年)。1879—1891年,《中国圣书》(The Sacred Books of China)陆续出版包括:《书经》《诗经(与宗教有关的部分)》《孝经》④(《东方圣书》第三卷,1879年);《易经》(《东方圣书》第十六卷,1882年);《礼记》⑤(《东方圣书》第二十七、二十八卷,1885年);《道德经》《庄子》⑥(《东方圣书》第三十九、四十卷,1891年)。因在中华经典翻译事业上的巨大成就和在汉学研究方面的卓越贡献,理雅各于1876年获法兰西学院首届儒莲汉籍国际翻译奖(the first International Stanislas Julien Prize for Chinese Literature)。

三、理雅各译本概览

理雅各的译本完整地翻译了《周易》的经、传两部分。在向西方读者呈现《周易》之前,理雅各首先在导言部分具体介绍了这一神秘的东方经典:第一章简略回顾了《易经》从公元前12世纪到公元19世纪的流传历史;第二章简单介绍了《易经》的象数体系(包括河图、洛书)、创制历史(文王、周公作易的历史);第三章阐释了《周易》经传的重要名词与概念。之后是展现《易经》象数一面的图表部分,理雅各给出了伏羲先天八卦与文王后天八卦衍生的五个图表。在《易经》部分,理雅各将译文分为《上经》《下经》两部分。在《易传》部分,理氏把"十翼"分为七种:Appendix I 分两部分,分别对应《彖传上》和《彖传下》;Appendix II 分两部分,分别对应《象传上》和《象传下》;Appendix III:The Great Appendix 即传统所称的"易大传",两部分分别对应《系辞上》和《系辞下》;Appendix IV 亦分两部分,分别对应《文言》的《乾》和《坤》;Appendix V 对应《说卦》;Appendix VI 对应《序卦》;Appendix VII 对应《杂卦》。

---

① The Shoo King (Book of Historical Documents) with Bamboo Annals.
② The She king (Classic of Poetry).
③ The Ch'un ts'ew (Spring and Autumn Annals), with the Tso chue (Commentary of Zuo).
④ The Shû king (Book of Documents). The religious portions of the Shih king (Classic of Poetry). The Hsiâo king (Classic of Filial Piety).
⑤ The Lî Kî (Book of Rites).
⑥ The Texts of Taoism: The Tâo Teh King (Tao Te Ching); The Writings of Kwang-dze (Chuang Tzǔ).

理雅各的英译侧重意义的介绍和阐释,而忽略原文本音韵美、文学美的传递。他在翻译中大量使用 indicates that、shows、we see 等指示词,旨在根据自己对《易经》及易学的全部理解对西方读者进行详尽的介绍与指导。

四、理雅各译本的部分缺憾

《易经》向称难解,即便经过有清一代训诂学家的细致考据,近代考古学、人类学等诸学科的佐助,时至今日,仍未能彻底扫清《易经》文字上的疑义。理雅各虽然博通中华典籍,但仍在译文中存在着一些硬伤。如首卦《乾》用九,理雅各的译文是:

用九辞	用九:見群龍无首,吉。①
JL②	(The lines of this hexagram are all strong and undivided, as appears from) the use of the number NINE. If the host of dragons (thus) appearing were to divest themselves of their heads, there would be good fortune.③

理雅各用"appearing"译出了"见"通"现"的古义,可见其审读原文之精细。然而"divest"意为"剥夺""使之放弃",理雅各又将"首"直译为"heads",则容易使译文读者将"群龙无首"理解为"群龙失头",如此就大与原义偏违。历来理解"群龙无首",或者直接得出"神龙见尾不见首"的画面感,群龙将头藏于云间,只现出一鳞半爪,即是不争先出头的意思;或者跳出"首"的显象,直接解为"首领",即是一群大人物相安无事、不求统御同侪的寓意。如果按照理雅各的译文,则多了东方怪力乱神的画面感,而减损了其背面的哲理。

再比如《姤》卦爻辞中"包有鱼""包无鱼"之包,当作"庖厨"的"庖"解,理雅各径译为"Wallet",解作"钱包",也是草率。见下:

---

① 为体现原文本义,本书所引用的《易经》卦爻辞均保留繁体字样;正文进行相关论述时,引文字体繁简则视语境而定。

② JL 即 James Legge,在表格中代表理雅各译本。

③ 为精简引文注释计,本论文所引用的多种《易经》英译文本不标注具体文献页码。读者可参考文后参考文献对译本版本的说明。这些译本对于《易经》本经部分均按《周易》通行本卦序排列,检索具体的卦爻辞十分方便。

二爻辞	九二：包有魚，无咎，不利賓。
JL	The second NINE, undivided, shows its subject with a **wallet** of fish. There will be no error. But it will not be well to let (the subject of the first line) go forward to the guests.

四爻辞	九四：包无魚，起凶。
JL	The fourth NINE, undivided, shows its subject with his **wallet**, but no fish in it. This will give rise to evil.

再如《蒙》卦六三：

三爻辞	六三：勿用娶女；見金夫，不有躬，无攸利。
JL	The third SIX, divided, (seems to say) that one should not marry a woman whose emblem it might be, for that, when she sees **a man of wealth**, she will not keep her person from him, and in no wise will advantage come from her.

其中的"金夫"，理雅各译为"a man of wealth"，这也是历代易学家多采用的理解。而近代闻一多《周易义证类纂》、李镜池《周易通义》等认为："金训武，金夫，武夫。"考虑到《易经》当时"金"的更寻常义项，金夫为武夫的说法更佳。当然，这是以今人所知苛求前人了。但是，理雅各从西人的视角出发，仍拘守朱子等先代易学家的注解，未能跳出中国传统的陈见。

此外，在卦名的译法上理雅各的考虑也欠妥。汉字为象形兼表意文字，英文为拼音文字，而理雅各在一些卦名的处理上却出现了标音相同的问题，使得异卦同名，容易混淆：

乾 khien	谦 khien
坤 khwǎn	困 khwǎn
履 lî	离 lî
比 pî	贲 pî
蹇 kien	渐 kien
损 sun	巽 sun
解 kieh	节 kieh

我们可以看到,这七组卦名中,损与巽读音相近、声调不同,其余六组则读音相同、声调不同。而在英文中,它们的音与形都是无差别的。遗憾的是,理雅各既没有附上相应的汉字,也未加任何说明。我们进而通览1882年版的理氏译本,全书都没有出现除卦爻符号之外的任何汉字,从这种或有意或无意的"遮蔽",可以窥见译者并非期求文化平等对话的心态。

第四章
卫礼贤及贝恩斯译本:从宗教到汉学的重心转移

一、卫礼贤的中华文化译介生涯

卫礼贤(Richard Wilhelm,1873—1930),为德国基督教同善会传教士,著名汉学家。1899年,卫礼贤到当时的德国殖民地中国青岛传教,在清末大儒劳乃宣的教导下,研习《易经》和全真教典籍。他翻译了《老子》《庄子》《列子》等道家典籍,并将《太乙金华宗旨》及《慧命经》译为德文《黄金之花的秘密》(后亦由贝恩斯译为英文: *The Secret of the Golden Flower: A Chinese Book of Life*),启发了荣格的集体无意识理论。卫礼贤投身于向西方传播中华文化的事业,而主动淡化了他的宗教任务,他自承在中国期间并未发展一个中国教徒。1901年,卫礼贤在青岛创办七年制新式学堂"礼贤书院"(Richard-Wilhelm Schule),即今青岛市第九中学的前身。1906年,清廷为嘉奖卫礼贤办学之功,赐予他四品顶戴。卫礼贤在华长达22年,并曾短期担任北京大学教授。在生命的最后阶段,卫礼贤回到德国,担任法兰克福大学的汉学教授,于1925年创立了德国第一个中国学研究机构"中国学社"。

卫礼贤之子卫德明(Hellmut Wilhelm,1905—1990)生于山东青岛,是国际知名的汉学家和易学家,曾于北京大学与华盛顿大学任教。他与贝恩斯(Cary F. Baynes)合作,促成卫礼贤的《易经》德译本在美国转译为英文出版。此外,他的《变易:〈易经〉八讲》(*Change: Eight Lectures on the I Ching*)亦由贝恩斯译为英文,1960年在美国出版。1979年,Irene Eber英译出版了卫礼贤的《〈易经〉讲稿:变易与不易》(*Lectures on the I Ching: Constancy and Change*)。嗣后,普林斯顿大学出版社于1995年将卫氏父子的这两种易学著作结集为《理解〈易经〉:卫氏〈变易之书〉讲稿》(Understanding the I Ching:The Wilhelm Lectures on the Book of Changes),成为西方易学界的重要参考书。

二、卫礼贤《易经》德译本简况

卫礼贤于1913年开始在中国青岛着手《易经》翻译,他跟随清末的大儒劳乃宣研习文本,积十年之功,终于1924年在德国出版了《易经》德译本。当时的汉学权威、《中国的科学与文明》(Science and Civilization in China)的作者李约瑟(Joseph Needham)认为是这当时最好的西文译本。荣格在1949年为贝恩斯英译本所作的序中谈到,当时许多西方学者认为《易经》只是一本"魔咒"("magic spells")的汇编,不是玄奥难解就是毫无价值。而理雅各译本作为当时唯一的《易经》英译,对于"让西方思维领会这本书佐益甚少"(has do little to make the work accessible to Western minds)。卫礼贤的功绩,就在其大大开拓了理解《易经》象征体系的途径。①

卫礼贤的译本十分忠实精准,这得益于他翻译过程的精细与用心,他在自序中介绍自己的翻译过程:

> 这本《易经》的翻译始于近十年前。辛亥革命之后,青岛成为一批最有名望的旧派学者的寓居地,我就在其中认识了我的师尊劳乃宣。我受惠于他,不仅加深了对《大学》《中庸》和《孟子》的理解,而且也通过他首次开启了对《易经》之奇伟的注意。在他熟稔的指引下,我步入了这个陌生而又亲切的世界。译文是经周详讨论而成的。之后再由德文译回中文,而只有在文意完全显现之后,我们才把我们的本子看作是真正的翻译。②

劳乃宣是清末民初的遗老,曾在1901年至1903年任浙江大学堂(浙

---

① Forword, by C. G. Jung, xxi, Richard Wilhelm. *The I Ching or Book of Changes*. 3rd edn., Princeton, NJ: Princeton University Press. tr. Carry F. Baynes. 1967.

② From Preface, xlv, Richard Wilhelm. *The I Ching or Book of Changes*. 3rd edn., Princeton, NJ: Princeton University Press. tr. Carry F. Baynes. 1967.

江大学前身)总理,1911年任京师大学堂(北京大学前身)总监督。对于卫礼贤来说,能在后世纷杂的《易经》传疏中准确而快捷地理解《易经》文本在中文语境中的意义,劳乃宣功不可没。根据卫礼贤的自述,他的译文初稿是直接由《易经》的文言文本转入德文的,这也是两种文化思维的直接对接与转化,能有效避免多余文化义项的附庸或缩削。而他将德文初稿译回中文,等于经过了自己和劳氏的双重检查。因此,卫礼贤的德译本是极为忠实于原文本的。

三、贝恩斯转译卫礼贤《易经》版本概览

美国学者贝恩斯在卫礼贤的好友、瑞士心理学家荣格(C. G. Jung)的建议下,将卫礼贤的德译本译入英语世界,于1950年出版。这一版本问世后,当时的汉学家卜德认为,理雅各译本的特点是"冗长"(wordy)、"呆板"(stiff)、"如实"(prosaic),卫礼贤译本的特点则是"简明"(concise)、"自由"(free)、"想象"(imaginative)。① 在欧美易学研究者的众口交赞下,卫礼贤、贝恩斯译本取代理雅各译本成为《易经》的最佳英译版本。

卫礼贤、贝恩斯译本的编排基本如下:

第一卷题名"文本"(The Text),包括六十四卦的卦名汉字、卦象、象辞、爻辞,以及《大象》(《易经》各卦有《象传》,诠释以卦象、爻象为据,共450条,也称象辞,解释六十四卦的卦名、卦义的64条称为《大象》,解释三百八十六爻的爻辞的386条称为《小象》);

第二卷提名"材料"(The Material),包括十翼中的《说卦》和《大传》,以及卫礼贤本人对《易经》预测和阐释体系的诸多论述,包括二与五应等常识及互体②之说;

---

① Bodde, Derk. Reviews Of Book: The I Ching or Book Of Changes. The Richard Wilhelm Translation. Rendered into English by Cary F. Baynes. *Journal of the American Oriental Society*(*JAOS*), 70., No. 2, 1950, pp. 326-327.转引自林金水《易经传入西方考略》,注57、85。

② 即易卦上下两体相互交错取象而成之新卦,又叫"互卦"。如"观"为"坤"下"巽"上,取其二至四爻则为"艮",三至五爻则为"坤"。顾炎武《日知录》卷一"互体":"凡卦爻二至四、三至五,两体交互,各成一卦,先儒谓之互体。其说已见于《左氏》庄公二十二年,陈侯筮遇观之否,曰'风为天于土上,山也。'注'自二至四有艮象,艮为山'是也。然夫子未尝之,后人以杂物撰德之语当之,非也。其所论二与四、三与五同功而异位,特就两爻相较言之,初何尝有互体之说?《晋书》荀凯尝难钟会,《易》无互体见称于世,其文不传。新安王炎晦叔尝问张南轩曰:伊川令学者先看王辅嗣、胡翼之、王介甫固三家《易》,何也? 南轩曰:三家不论互体故尔。"

第三卷提名"注释"(The Commentary),包括《彖传》《小象》《文言》《序卦》《杂卦》;

附录部分介绍了传统的揲蓍之法、后世简化的金钱卜,以及按照经卦对六十四别卦的八组划分。

从英译本来看,卫礼贤的译法灵活简省,如《晋》卦象辞:

卦　辞	晋:康侯用锡马蕃庶,昼日三接。
JL	In Žin we see a prince who secures the tranquillity (of the people) presented on that account with numerous horses (by the king), and three times in a day received at interviews.
WB①	Progress. The powerful prince Is honored with horses in large numbers. In a single day he is granted audience three times.

康侯即周武王之弟姬封,亦称"康叔封",乃卫国始封之君。理雅各将康侯译作"a prince",虽然省译了对普通西方读者来说不甚紧要的诸侯封号这一历史文化信息,但康侯并非普通诸侯的这一信息也被脱略了。而卫礼贤译作"the powerful prince",既避免了对历史人物的烦琐交代,又明快传递了康侯权位之重的语意。

四、卫礼贤及贝恩斯译本的部分憾失

从前陈卫礼贤、贝恩斯译本的编排可见,卫礼贤根据自己的见地,将《周易》的经、传做了重新编排。传统的《周易》编排,如孔颖达《周易正义》卷首所述:

> 既文王《易经》本分为上、下二篇,则区域各别,《彖》《象》释卦,亦当随经而分。故一家数十翼云:上《彖》一,下《彖》二,上《象》三,下《象》四,上《系》五,下《系》六,《文言》七,《说卦》八,《序卦》九,《杂

---

① WB 即 Richard Wilhelm & Carry F. Baynes 的简写,代表卫礼贤和贝恩斯译本。

卦》十。郑学之徒,并同此说,今亦依之。①

即《文言》系于《乾》《坤》二卦,《易经》上经系以《彖传上》《象传上》,《易经》下经系以《彖传下》《象传下》,经外依次附以《系辞传上》《系辞传下》《说卦》《序卦》《杂卦》。"十翼"里的五种掺入了《易经》的本经部分。如上章所述,在卫礼贤之前,理雅各虽然将经、传分离,但"十翼"的次序是基本不变的,便于读者检索与对照原文本。然而卫礼贤不仅将"十翼"的次序打乱,而且做了拆分:将《象传上》《象传下》中解释六十四别卦名、义的《大象》与本经放置一处,作为"文本";《说卦》《系辞传上》《系辞传下》作为"材料";《象传上》《象传下》中解释各条爻辞的《小象》,以及《彖传上》《彖传下》《文言》《序卦》《杂卦》作为"注释"。这种主观性极强的编排体例,说明卫礼贤已从单纯的《易经》翻译进入到"易学"之中。然而这一体例对于普通读者来说,难免会造成接受上的混乱。为此,卫德明专门在1966年的第二版序言中说明了"十翼"各部分在书中的位置(p.xix,1977)。当我们翻看卫礼贤、贝恩斯译本的第一卷时就能发现,《易经》本文被淹没在大量的注释文字当中,使得这一译本看起来更像是《周易卫氏学》而非《易经》本体。

当然,我们不能否定卫礼贤的易学造诣远在许多中国学者之上,他对"易"的精神的把握,在很大程度上既跳脱了中国儒道传统的习见,也超越了西方基督教传统的优越感。卫礼贤的翻译文字是忠实的,但他在阐释与重读上的用力已大大超过了翻译本身。我们不能说卫礼贤在向世界传播、阐释《易经》的事业上是失败的,相反他的功绩超越了理雅各,而且也让后来者很难企及,但单就翻译,尤其是翻译的读者接受一面讲,卫礼贤在疏通中西文化精神差异之阻碍的同时,却在文本上添置了另一重阻碍。也许在卫礼贤的易学结晶《〈易经〉讲稿:变易与不易》(*Lectures on the I Ching: Constancy and Change*)的书名上就预示了这一点:易之三名中的"易简"并没有得到体现。而缺少这一层意蕴,"易"就无法成其为完整无缺的"三位一体"。

---

① [清]阮元校刻《十三经注疏》,北京:中华书局,1980年9月第1版,《周易正义》卷首,第8页。

第五章
当代《易经》英译的海外典范：以 Richard John Lynn 和 Richard Rutt 为例

一、Richard John Lynn 译本概览

汉学家 Richard John Lynn（林理彰）任教于多伦多大学东亚研究系（Department of East Asian Studies, University of Toronto），拥有美国、加拿大双重国籍，作为著名华裔学者、《中国文学理论》作者刘若愚的学生，于 1971 年在斯坦福大学亚洲语言学系（Asian Languages, Stanford University）获得博士学位。

哥伦比亚大学出版社对 1994 年出版的林理彰译本抱有很大的期许，将之视为理雅各、贝恩斯译本通行逾 25 年后出现的最佳译本。

从该译本的副题 "A New Translation of the *I Ching* as Interpreted by Wang Bi" 可以看出，林理彰保持了相当的对古代易学家见解的重视，在某种程度上可以说是将对易学的考察眼光从理雅各、卫礼贤等先辈译者瞩目的"宋易"放远至"汉易"。例如《坎》卦，Lynn 译为 Xikan[The Constant Sink Hole]，保留了某些易学家认为是衍文的"习坎"的"习"字，并引述了王弼、孔颖达的意见。（p.318, p.322）然而和王弼尽扫象数之学一样，林理彰并没有对《易经》之象数做过多阐释，甚至没有在译本中安插任何图表。

书末附有"词汇表"，列出了《易经》中常见的汉字词汇及其对应的拼音和英文，有相当的参考价值。

二、Richard John Lynn 译本的部分缺憾

如果说理雅各的译文英文文法准确但失之繁冗，卫礼贤和贝恩斯的译

文用词精准但文法松散、简明有如中文，Richard John Lynn 的译文则既简洁又文句晓畅。但是与理雅各、卫礼贤相比，Lynn 在不少彖爻辞的字义辨析上并没有更大的进展。

《大畜》卦上九：

上爻辞	上九：何天之衢，亨。
JL	The sixth NINE, undivided, shows its subject (as) in command of the firmament of heaven. There will be progress.
WB	○ Nine at the top means: One attains the way of heaven. Success.
RL①	*Top Yang* What is the Highway of Heaven but prevalence!
RR②	Top (9): Receiving Heaven's grace. *Offering.*
汪任③	— 6. With no obstacles ahead, The open way leads to success.
傅④	Nine at the top line, how wide and straight the thoroughfare is in heaven! The future is smooth.

Richard John Lynn 的译文是 "What is the Highway of Heaven but prevalence!" 其中的"何"，Lynn 译为"What"。实则"何"理解为"荷"的通假字更为准确。《周易折中》案曰："'何'字，《程传》以为误加，《本义》以为发语，而诸家皆以荷字为解，义亦可从。" Lynn 的理解和朱熹一致，但可见不是易学家最主流的意见。参看上表所示六家译本：理氏的"in command of"，意为"掌控"；卫氏的"attain"，意为"达到"，都更倾向于表示"负荷""胜任"意思的"荷"字。⑤ Lynn 理解为发语赞叹意味的"何其"，未必不确。根据他的注释，他专门对"何"字加以说明，然而他只引述了《周易折中》里

---

① RL 即 Richard John Lynn，代表 Lynn 的译本。
② RR 即 Richard Rutt，代表 Rutt 的译本。
③ 汪任即汪榕培和任秀桦的译本。
④ 傅即傅惠生的译本。
⑤ Richard Rutt、汪榕培和任秀桦、傅惠生三家的译文亦可资读者参考。因这三家译本出版在后，为 Lynn 甫初版其译本时所未见，亦因本文介绍与论述未到，故不在正文中分析。然而可以看到，Rutt 趋近于理雅各、卫礼贤，而汪任、傅的理解类于 Lynn。

第五章 当代《易经》英译的海外典范:以 Richard John Lynn 和 Richard Rutt 为例

程颐和朱熹的观点,忽略了其他诸家的注解,可见其对古汉字通假的可能性还没有加以足够的关注。

《归妹》六五:

五爻辞	六五:帝乙归妹,其君之袂,不如其娣之袂良,月幾望,吉。
RL	*Fifth Yin* When Sovereign Yi gave his younger sister in marriage, the **sovereign**'s sleeves were not as fine as the sleeves of the younger, secondary wife. When the moon is almost full, it means good fortune.

此处,"君"被译作"sovereign"。Lynn 并在文后给出了注释,认为六五爻处于尊位(第五爻),即指向"帝乙归妹"——商君帝乙嫁妹这件事。"the sovereign's sleeves"(其君之袂)——君主的衣袖,间接指代君主宠爱且为其穿戴的对象,即六五爻可指代帝乙之妹。他又说《归妹》内卦《兑》为少(女),外卦《震》为长(男),内卦应遵从外卦;但是作为外卦主爻的六五爻与作为内卦主爻的九二爻对位,阴柔(弱)阳刚(强),所以六五爻说"其君之袂,不如其娣之袂良"(p.483),Lynn 的解释未免烦琐。因为如果把"君"被译作"sovereign",普通读者乍读之下,很难理解为什么君主的衣袖反倒不如陪嫁从妻的来得精良,所以需要层层解析。实则"君"即指帝乙之妹,乃与从妻——"娣"相对的元妻,例如《楚辞》中的"湘君"就是这样的。

与理雅各基于宗教使命感和卫礼贤全身心投入的严谨翻译态度相比,Lynn 则只有学术责任和出版任务的两重制约,因此这一以当代新译本典范面目出现的版本也在仓促出版的情况下出现了一些硬伤。例如:

《恒》卦卦名 Lynn 译为"Perseverance",但 1994 年版中的标题为"Perseverence",将该词中的"a"误作"e";《遯》卦译为"Withdrawal",标题为"Withdrawl",脱去"a"。当均系笔误,但出现在作为标题的卦名中,可谓遗憾。①

另外,《损》卦九二:

---

① 《革》卦标题作"The Cauldron",彖爻辞中作"The Caldron",Cauldron 和 Caldron 属一对异体词汇。

二爻辞	九二：利貞，征凶，弗損，益之。
RL	*Second Yang* It is fitting that this one practice constancy, but for him to set forth would mean misfortune.

此条爻辞"弗损，益之"漏译(p.390)；

《中孚》九二：

二爻辞	九二：鳴鶴在陰，其子和之，我有好爵，吾與爾靡之。
WB	Nine in the second place means: A crane calling in the shade. Its young answers it. I have a good goblet. I will share it with you.
RL	*Second Yang* A calling crane is in the shadows; its young answer it. I have a fine goblet; I will share it with you.

此处译文参考了卫氏版本，改动甚少。

三、Richard Rutt 译本概览

　　Richard Rutt 曾经担任英国圣公会主教，后成为天主教神父。这在某种程度上是对早期汉学家神学背景的接续。在学术研究方面，Rutt 首先是一位著名的朝鲜文化研究专家，有好几部朝鲜文化研究专著出版。此外，他还是一位手工编织史研究者，著有《手工编织史》(*A history of hand knitting*, published by Batsford in 1987)，南安普顿大学图书馆 (University of Southampton Library) 藏有他收集的 18 至 19 世纪的编织书籍、杂志及样品。

　　Rutt 在呈现他的译文之前，首先向读者简明展示了夏商周直至秦汉的古中国历史文化，以及《易经》的欧洲语言译本情况。他对 Lynn 的译本也有简单的评价(p.82)。Rutt 是以一套程式来分析处理他的翻译的。他在著作中给出了这一程式(p.222)：

(*hexagram number*) *tag*

```
               H
       ___ E _____    top
       _____ X _____    5
       _____ A ____   4
       _____ G ___   3
       _____ R __   2
       _____ A _   base
               M
```

Hexagram statement

Base(9/6): Oracle		*Indication*
(*Indication*)		PROGNOSTIC
	L	*Observation*
(9/6)2: Oracle	I	*Indication*
(*Indication*)	N	PROGNOSTIC
	E	*Observation*
(9/6)3: Oracle	S	*Indication*
(*Indication*)	T	PROGNOSTIC
	A	*Observation*
(9/6)4: Oracle	T	*Indication*
(*Indication*)	E	PROGNOSTIC
	M	*Observation*
(9/6)5: Oracle	E	*Indication*
(*Indication*)	N	PROGNOSTIC
	T	*Observation*
Top(9/6): Oracle	S	*Indication*
(*Indication*)		PROGNOSTIC
		Observation

即：

卦序数字	卦名		
			上 五 四 三 二 初
	卦象		
	象　辞		

初（九/六）：筮辞			告辞
（告辞）			断辞
			言辞
（九/六）二：筮辞			告辞
（告辞）	爻		断辞
			言辞
（九/六）三：筮辞			告辞
（告辞）			断辞
			言辞
（九/六）四：筮辞			告辞
（告辞）			断辞
			言辞
（九/六）五：筮辞	辞		告辞
（告辞）			断辞
			言辞
上（九/六）：筮辞			告辞
（告辞）			断辞
			言辞

　　Rutt 把卦爻辞分为四类：1.Oracle，卦爻征兆的筮辞；2.Indication，指示事物进展的告辞；3.Observation，解释事物状态的言辞；4.Prognostic，表示占

第五章　当代《易经》英译的海外典范：以 Richard John Lynn 和 Richard Rutt 为例

断的断辞。以《乾》卦为例：

1(卦序数字)　qian/active(乾　卦名)

卦象　☰

象　*Supreme offering.*　（元亨，）
辞　*Favourable augury.*　（利贞。）

（初九）Base(9): A dragon lies beneath the lake.（潜龙。　筮辞）
　　　　　　　　　　　　　　　No action take.（勿用。　告辞）
（九二）(9)2: Lo, on the fields a dragon bides.　（见龙在田。　筮辞）
　　　　　　　To meet with great men well betides.　（利见大人。　告辞）
（九三）(9)3: A prince is active all day long　（君子终日乾乾，　筮辞）
　　　　　　　and after dark still stays alert.　（夕惕若。　筮辞）
　　　　　　　　　　　　　　　DANGEROUS.　（厉，　断辞）
　　　　　　　　　　　　　　　NO MISFORTUNE.　（无咎。　断辞）
（九四）(9)4: Sometimes it leaps above the tides.　（或跃在渊。　筮辞）
　　　　　　　　　　　　　　　NO MISFORTUNE.　（无咎。　断辞）
（九五）(9)5: A dragon through the heavens glides.　（飞龙在天。　筮辞）
　　　　　　　To meet with great men well betides.　（利见大人。　告辞）
（上九）Top(9): A dragon soaring away.　（亢龙。　告辞）
　　　　　　　　There will be trouble.　（有悔。　告辞）
（用九）All(9): See dragons without heads.　（见群龙无首。　筮辞）
　　　　　　　　　　　　　　　AUSPICIOUS.　（吉。　断辞）

Rutt 的程式显然借鉴了高亨先生对《易经》卦爻辞的分类，并与饶龙隼先生在《上古文学制度述考》中的解析如出一辙。

高亨先生在《〈周易〉筮辞分类表》①一文中，将卦爻辞分为四类：

一为记事之辞，"乃记载古代故事以指示休咎也"，又分二类，采用古代故事者，如《大壮》六五爻辞"丧羊于易，无悔"，为商部落先祖王亥丧牛羊于有易部落的故事，记录当时筮事者，如言"亨""元亨"者；

---

① 见该书第四篇,高亨《周易古经今注·周易杂论》,《高亨著作集林》（第一卷）,北京：清华大学出版社,2004 年 12 月。

二为取象之辞,"乃采取一种事物以为人事之象征而指示休咎也",如《中孚》九二爻辞"鸣鹤在阴,其子和之;我有好爵,吾与尔靡之";

三为说事之辞,"乃直说人之行事以指示休咎也",如《乾》九三爻辞"君子终日乾乾,夕惕若,厉,无咎";

四为占断之辞,"乃论断休咎之语句也",如元亨利贞、吉凶悔吝类是也。

饶龙隼则在《〈易〉象考原》中,依循筮占程式之步骤,将卦爻辞分为谣辞、析辞、占辞三类①,以《乾》卦为例:

乾:元亨,利贞。

初九:潜龙,勿用。

九二:见龙在田,利见大人。

九三:君子终日乾乾,夕惕若,厉,无咎。

九四:或跃在渊,无咎。

九五:飞龙在天,利见大人。

上九:亢龙,有悔。

用九:见群龙无首,吉。

结合饶龙隼的观点,在《周易》本经部分定型之前,筮占程式如下:

第一步,经过筮算得到某卦,如《乾》;

第二步,查阅古占书,按照爻位配对"谣辞",如"见龙在田,或跃在渊,飞龙在天",连缀为一首古歌谣;

第三步,依据卦象,以"析辞"解说谣辞,《乾》中初九"(潜龙),勿用"、九二"利见大人"、九三"君子终日乾乾,夕惕若,厉"、九五"利见大人"、上九"(亢龙),有悔"、用九"见群龙无首"皆是;

第四步,结合"谣辞""析辞"下断语,征占吉凶,即为"占辞",如象辞的"元亨,利贞",九三、九四的"无咎",用九的"吉"。

Rutt 的程式化翻译使得其译文结构明晰,井然有序,可谓是对《易经》原始面貌跨越时空的遥远呼应。在高亨、Rutt、饶龙隼等学者给出的秩序当中,我们看到《易经》的爻辞并不完整无缺。这一方面解构了易的神圣性,向解易者和以易为占者暗示《易经》的文本并不是绝对必然的,另一方面则佐证了《易经》的历史积累性,说明易道的自然活泼和不断生长的

---

① 详见饶龙隼《上古文学制度述考》,北京:中华书局,2009 年,第 123—124 页。

可能。

Rutt 的程式化翻译对于文本语言的转换也构成了一种形制上的约束，这使得他的译文简洁、押韵。这就在很大程度上还原了《易经》原文的神韵。例如《大壮》上六：

上爻辞	上六：羝羊觸藩，不能退，不能遂，无攸利，艱則吉。
JL	The sixth SIX, divided, shows (one who may be compared to) the ram butting against the fence, and unable either to retreat, or to advance as he would fain do. There will not be advantage in any respect; but if he realise the difficulty (of his position), there will be good fortune.
WB	Six at the top means: A goat butts against a hedge. It cannot go backward, it cannot go forward. Nothing serves to further. If one notes the difficulty, this brings good fortune.
RL	*Top Yin* This ram butts the hedge and finds that it can neither retreat nor advance. There is nothing at all fitting here, but if one can endure difficulties, he will have good fortune.

RR	Top(6): A ram butts a fence,
	    cannot pull out,
	    cannot push through.
	          Favourable for nothing.
	        In hardship, AUSPICIOUS.

对于爻辞中的"羝羊觸藩，不能退，不能遂"，理雅各的译文是："The sixth SIX, divided, shows (one who may be compared to) the ram butting against the fence, and unable either to retreat, or to advance as he would fain do."可谓详尽之至，但嫌冗长。卫氏版本为："A goat butts against a hedge./It cannot go backward, it cannot go forward."已十分简洁，犹略呆板。Lynn 译为："This ram butts the hedge and finds that it can neither retreat nor advance."可赞为干净的翻译，然而平淡。Rutt 则作："A ram butts a fence,/cannot pull out,/cannot push through."这就比卫礼贤版还胜出一筹，已然跳出了英文的线性语法思维，极好地还原了汉语简洁而生动的韵律。

再如《睽》卦初九：

初爻辞	初九:悔亡,喪馬勿逐,自復;見惡人无咎。
RR	Base(9): *Troubles disappear.* 　　*Losing horses.* 　　　*Don't follow their track;* 　　　*they'll soon come back.* 　　Seeing a disfigured man. 　　NO MISFORTUNE.

爻辞中的"喪馬勿逐,自復"是押韵的,Rutt 译为"Losing horses./Don't follow their track:/they'll soon come back."其中"勿逐"本可以直译为"Don't follow them",然而 Rutt 添上"track"(踪迹)一词,既不与原文有多大出入,又照顾到了韵脚(ack,track-back),而且使人不觉其繁,可谓译得工巧。

四、Richard Rutt 译本的部分缺憾

　　Rutt 能够跳出英文追求句法逻辑严密的思维定势,迁就汉语字词松散联结的句法,但有时却进到了过犹不及的境地。比如《易经》中常出现的"西南""东北",译者向来是作"southwest""northeast"理解的,唯独 Rutt 将其拆为"west and south""east and north",则是 Rutt 过度依循先古汉语文法惯例、逐字对译的极端例证。须知汉语虽自古习用单字词,却不是仅使用单字词的。

　　另外,Rutt 对卦名汉字的拼音翻译是和中国大陆的现代汉语拼音一致的,这可谓是一种文化上的折中。然而 Rutt 的拼音化有时是想当然尔,例如,《解》对应的是"jie"而非"xie",《夬》对应的不是"guai"而是"jue",则犯了许多现代中国人自己也常有的"病症"。

第六章
《易经》英译在国内:汪榕培、任秀桦和傅惠生的译本

一、汪榕培、任秀桦译本概览

汪榕培、任秀桦先生的《英译易经》由上海外语教育出版社于1993年6月首次出版,于2007年9月推出新版(后称:汪任译本)。这两个版本前后变化不大,主要为汉英对照的《易经》本经部分,无任何注释。汪任的译本是第一个由国人独立完成的《易经》英译本(但不是第一个华人的译本)。

汪榕培、任秀桦先生对原文进行了增删与重新编排,使译文有序化。汪任译本的卦辞首句基本采取如下句式:"The[卦名汉语拼音] hexagram(the symbol of[卦名主要象征义])predicates[占断辞,吉、亨、利、凶等]."

如《履》卦象辞:

卦 辞	履虎尾,不咥人,亨。
汪任	The lü hexagram(the symbol of prudence)predicates success. Even if you follow at the tail of a tiger, it will not bite at you.

如果按照译文进行回译,则为"履,亨。履虎尾,不咥人"。不仅"亨"这一占断辞提前,而且补上了作为卦名的"履"。

汪任译本以1和6这两个阿拉伯数字来替代原文代表爻位的"初"和"上"。虽然六十四卦皆以六爻为限,但用"六"却不如用"上"更能示人以代表最顶上一爻的阴阳。因为数字1在四、六、八、九等任何爻数构成的卦形中都代表初始爻位,所以理雅各用"first",虽不如卫礼贤用"beginning"、

Rutt用"base"意思更为到位,但无可苛责。而读者从"sixth"理解到"top",则需用到一层理解。因此理雅各用first、sixth,汪译更简化为1、6,形式上是简化直观了,意义上却减损曲折了。

二、汪榕培、任秀桦译本的部分缺憾

《贲》卦六四:

四爻辞	六四:贲如皤如,白马翰如,匪寇婚媾。
汪任	- - 4.A man dressed in plain colour Gallops here on a white horse. He does not come for robbery, But comes for the hand of a lady.

爻辞"匪寇婚媾",汪任译为:"He does not come for robbery,/But comes for the hand of a lady."原文反映所来人马虽非侵袭的敌人,然而来势汹汹,在形式上却和进行掠夺的敌寇十分相似。从人类文明发展史看,这极可能是人类早期社会掠夺婚习俗的简略记载。汪任译"(he) comes for the hand of a lady",仿佛来者是为了一亲女子的芳泽,固然充满西方骑士精神的浪漫色彩,却离"婚媾"这层意思有点远,不如其他译者直接译为"marriage"来得贴切。

《革》卦上六:

上爻辞	上六:君子豹变,小人革面,征凶,居贞吉。
汪任	- - 6.The gentleman reforms thoroughly Like a leopard changing its spots; The inferior man reforms superficially Like a man washing his face. If you take action, You will have misfortune; If you are firm and persistent, You will have good fortune.

爻辞中的"小人革面",汪任译为:"The inferior man reforms superficially/Like a man washing his face."无疑是将成语"洗心革面"移转至此。《周易·系辞上》:"圣人以此洗心,退藏于密。"《抱朴子·用刑》:"洗心而革面

者,必若清波之涤轻尘。"但是"革面"本来径可解为"变换面貌",汪任译本却掺入了《易经》本文之外的语境。

汪任译本的语汇有时不够灵活多变。如《兑》卦九四:

四爻辞	九四:商兑,未宁,介疾有喜。
汪任	— 4.Keep joy in mind, And you will be ill at ease; Keep away from evils, And you will have joy.

在《兑》卦象爻辞中,汪任译将"兑"(通"悦")译为"joy",而九四爻辞中的"介疾有喜"的"喜"可以选择"pleasure"等其他表示愉悦的词语,却仍用"joy"一次,未反映出原文"兑"与"喜"这对同义词的存在。

如《节》卦初九、九二,则是对字义和文本的古代文化语境不够了解:

初爻辞	初九:不出戶庭,无咎。
JL	The first NINE, undivided, shows its subject not quitting the courtyard outside his door.There will be no error.
WB	Nine at the beginning means: Not going out of the door and the courtyard Is without blame.
RL	First Yang This one does not go out the door to his courtyard, so there is no blame.
RR	Base(9):Not going out of the door to the courtyard. NO MISFORTUNE.
汪任	— 1.Stay in your house all the time, And you will not receive any blame.
傅	Nine at the bottom line, he does not walk out of his front courtyard, there is no harm.
二爻辞	九二:不出門庭,凶。
JL	The second NINE, undivided, shows its subject not quitting the courtyard inside his gate.There will be evil.

WB	Nine in the second place means: Not going out of the **gate** and the courtyard Brings misfortune.
RL	*Second Yang* If this one does not go out the **gate** of his courtyard, there will be misfortune.
RR	(9)2: Not going out of the **gate** of the courtyard. DISASTER.
汪任	— 2. Stay in your **room** all the time, And you will have misfortune.
傅	Nine at the second line, he does not walk out of his **inner courtyard**, there is a disaster.

初九爻辞有"不出户庭",九二爻辞有"不出门庭",汪译分别为"Stay in your house all the time"和"Stay in your room all the time",显然以"户庭"为"house",以"门庭"为"room"。《说文》:"庭,宫中也。"又《诗·魏风·伐檀》:"胡瞻尔庭有县貆兮。"先不论《节》卦中的庭是指室内还是室外。《说文》:"户,半门曰户。"又:"门,……从二户,象形。"《字书》:"一扇曰户,两扇曰门。又在于堂室东曰户,在于宅区域曰门。"可知"户"的概念要小于"门"的概念。汪译前者为"house"、后者为"room"显有颠倒之误。而理雅各、卫礼贤、林理彰、Rutt等人译文皆以前者为"door"、后者为"gate",均无误。而下面将要介绍的傅惠生译本在此二处分别处理为"front courtyard"和"inner courtyard",显然也出现了偏误。

对于《易经》常用辞的处理,大概是二位译者合译的缘故,译文不尽统一。如"利见大人",《乾》卦九二、九五分别为:

二爻辞	九二:见龙在田,利见大人。
汪任	— 2. The dragon appears in the fields. It is time for the great man to emerge from obscurity.
五爻辞	九五:飞龙在天,利见大人。
汪任	— 5. The dragon is flying in the sky. It is time for the great man to come to the fore.

同一卦中、同类语境,尚不能统一。

《讼》卦象辞中则是:

第六章 《易经》英译在国内：汪榕培、任秀桦和傅惠生的译本

卦　辞	訟:有孚,窒。惕中吉。終凶。利見大人,不利涉大川。
汪任	The song hexagram (the symbol of litigation) predicates good fortune if you are sincere, prudent and peaceful. You will have misfortune if you carry a lawsuit to the end. It is the right time to call on a great man, but not the right time to cross a great river.

再如"无咎",汪任译本有多种不同处理:

1.《乾》九三:

三爻辞	九三:君子終日乾乾,夕惕若,厲,無咎。
汪任	— 3. The gentleman strives hard all day along. He is vigilant even at nighttime. By so doing, he will be safe in times of danger.

2.《乾》九四:

四爻辞	九四:或躍在淵,無咎。
汪任	— 4. The dragon will either soar to the sky Or remain in the deep. There is nothing to blame in either case.

3.《需》初九:

初爻辞	初九:需于郊。利用恆,無咎。
汪任	— 1. Waiting in the suburbs, You should exercise your patience. You will not receive any blame.

4.《师》六四:

四爻辞	六四:師左次,無咎。
汪任	-- 4. If the army retreats in time, It will not receive any blame.

5.《比》彖辞,此条漏译"无咎":

卦　辞	比:吉。原筮元永貞,無咎。不寧方來,後夫凶。
汪任	The bi hexagram (the symbol of fellowship) predicates good fortune. Prudence will bring about virtue, constancy and integrity. Even when the rebellious princes come to be presented at court, misfortune will fall on those who come late.

6.《比》初六：

初爻辞	初六：有孚，比之，无咎。有孚盈缶，终来有他，吉。
汪任	- - 1.Establishing fellowship with sincere people Will not evoke blame. 　　Sincerity is like a full jug, Which will bring unexpected blessing.

7.《泰》九三：

三爻辞	九三：无平不陂，无往不复，艰贞无咎。勿恤其孚，于食有福。
汪任	— 3.There is no plain without bumps; There is no going without return. Perseverence in adverse times Will not invite blame. 　　If you do not worry about your sincerity, You will have blessing in your life.

8.《蛊》初六：

初爻辞	初六：干父之蛊，有子，考无咎，厉终吉。
汪任	- - 1.In rectification of father's fault, The son takes the responsibility Of saving his father from blame. For all the danger that lies ahead, There will be good fortune in the end.

9.《观》初六：

初爻辞	初六：童观，小人无咎，君子吝。
汪任	- - 1.Observing with the ignorance of a child Is blameless for the inferior man, But grievous for the gentleman.

10.《噬嗑》：

初爻辞	初九：屦校灭趾，无咎。
汪任	— 1.Put the criminal's feet in the stocks As a light punishment; No harm will be done to him.

二爻辞	六二:噬肤灭鼻,无咎。
汪任	- - 2.Hurt the criminal's skin seriously As an appropriate punishment; The judge is not to blame.

三爻辞	六三:噬腊肉,遇毒;小吝,无咎。
汪任	- - 3.It is hard to deal with the criminal As biting a piece of preserved meat. This is a small pity for the judge, But he is not to blame.

11.《剥》六三:

三爻辞	六三:剥之,无咎。
汪任	- - 3.The bed has been deprived of its parts, But no blame is lodged against it.

12.《复》象辞:

卦　辞	復:亨。出入无疾,朋来无咎。反复其道,七日来复,利有攸往。
汪任	The fu hexagram(the symbol of recovery)predicates success.Growth inside and outside is healthy enough; friends coming in **are safe enough**.The course of coming and going is like a circle; the recovery takes place in seven days.You will benefit from whatever you do.

在译本前半部,译者对"无咎"的翻译较为随意,有多种变化。这固然可以解释为具体语境的需要,然而参看其他译本,它们虽然在同一常用辞上根据语境和阐释需要调整语序和结构,但都没有出现如此频繁的改换。此外,在汪任译本的后半部,我们甚少看到"There is nothing to blame"和"You will not receive any blame"这两种主要译法之外的译文呈现。可见该译本在系统严密的修订统一功夫上有所欠缺。

三、傅惠生译本概览

傅惠生译本收于作为中华文化对外传播大型工程的《大中华文库》之中,于2008年由湖南人民出版社出版。与汪任译本相比,傅惠生倾注了更多的心血,不仅翻译了本经部分,而且完整翻译了"十翼"这部分。在译文之前,傅惠生先生的序言以一定篇幅简略介绍了《周易》经传的演变史、易学概况、《易经》海外传播概况,可见译者的用心不仅停留在文本翻译,而且期求更高层次的文化意蕴的传递。

然而,将傅惠生的英译与该译本中选择的张善文的白话今译对读,可以发现傅译的翻译倾向仍主要局限在文字表层的翻译,而且更多的是对张善文今译的理解和翻译,而参考传统传疏的痕迹则甚少。

在结构安排上,译者则遵循《周易》通行本的体例,即前边已介绍过的:《易经》上经系以《彖传上》《象传上》,《易经》下经系以《彖传下》《象传下》,《彖》《象》皆分置各卦的卦爻辞之后;《文言》系于《乾》《坤》二卦;《系辞传上》《系辞传下》《说卦》《序卦》《杂卦》独立于经外。

四、傅惠生译本的部分缺憾

《噬嗑》卦六五,傅惠生误作"九五""Nine at the fifth line"(见该译本128、129页)。

《萃》卦六二,应为"Six at the second line",脱漏"line"一词(见该译本257页)。

傅译偶有译笔不够简省之处。如《归妹》九四:

四爻辞	九四:歸妹愆期,遲歸有時。
傅	Nine at the fourth line, a young girl does not get married in time. She does not get married in time because she is waiting quietly for a good chance.

此处译文句式累赘。《文心雕龙·镕裁篇》谓:"附赘悬尤,实侈于形……同辞重句,文之尤赘也。"又曰:"句有可削,足见其疏。"而《易经》此节本是"精论要语,极略之体"。如将傅译删为:"Nine at the fourth line, a young girl does not get married in time because she is waiting quietly for a good chance."则"字去而意留",更符合原文本色。

易学由于其包含广大的独立符号系统,更容易越过语言文字的障碍,成为一种国际学术。然而易学和其他诸种基于母语的学问一样,一般情况下总是在本土发展得较为领先。所以中国本土译者较海外译者的优势之一,在于能相对更便捷地了解到易学最新、最全面的进展。如前所述,海外各时期的译本,均已不同程度地展示了易学与时代结合的最新面貌。因此,从本土出发的《易经》英译工作,理当不仅止于语言文字上的浅白转换,固然译文会因不同的译者而呈现不同的风格,但如止于文字翻译,则多少会陷入重复的工作当中。美国汉学家夏含夷(Edward Louis Shaughnessy)于1997年出版的 *I Ching: The Classic of Changes*,是1973年12月出土的马王堆帛书《易经》的首个英译版本,体现了海外汉学界对易学的持续关注和深入探究。翻译之事,本需要有不同文化之间互相交流的诉求,不必争谁先译出还是谁先译入的名次。然而本土翻译的工作迄今仍未能很好地结合易学研究的最新进展,认真地说,不可不谓是一种翻译事业上的失败。

第七章
《易经》英译六版本比照举隅

一、"师或舆尸":理雅各的恰切翻译

理雅各对他之前汉学家《易经》翻译工作的超越,在于他尤其注重对中国传统的《易经》注疏的参考,因此在多数情况下能够免于望文生义的弊病,正确理解《易经》象爻辞的意思。例如《师》卦六三:

三爻辞	六三:師或輿尸,凶。
JL	The third SIX, divided, shows how the host may, possibly, have many inefficient leaders. There will be evil.

其中的"师或舆尸",理雅各的译文以白话文还译过来即"部队或许有数位无能的统领者。"一般理解,"舆"为"车舆",作动词形式为"车载";"尸"为"尸体"。理雅各的译文显然不是从字面义出发的。他在脚注中解释道:

> 第三爻的象征意义颇为费解。P.Regis 译作:"Milites videntur deponere sarcinas in curribus.Male." Canon McClatchie 则是:"Third-six represents soldiers as it were lying dead in their baggage carts, and is unlucky." 差不多在三十年前,我自己对这条的翻译也是同样效果。然而六三爻难以勉强得出这样一个象征。我现今给出的意思逐字来看更为得当,而且在全卦的范围里更为协调。第二爻的主体是部队唯一适当的领袖。而第三爻为阴柔,却居于刚位,就像其主体执意跳过两级,让自己处在这地位上发令。这一阐释也更适用于第五条。

理雅各自承其最初的译文和 Regis 与 McClatchie 的一致,即"车子上载着士兵们的尸体"这一从字面看更容易得出的意思。但这一理解与《师》卦其他五爻的爻辞并不贴合,尤其是与六五爻中的"長子帥師,弟子輿尸,貞凶"对应并不紧密。理雅各更为合理的阐释显然出自他作为蓝本的《周易折中》:

《程传》:三居下卦之上,居位当任者也。不唯其才阴柔不中正,师旅之事,任当专一,二既以刚中之才,为上信倚,必专其事,乃有成功,若或更使众人主之,凶之道也。"輿尸",众主也,盖指三也。以三居下之上,故发此义。军旅之事,任不专一,覆败必矣。

《集说》:王氏申子曰:三不中不正,以柔居刚,是小人之才弱志刚者,而居二之上,是二为主将,三躐而尸之也。凡任将不专,偏裨擅命,权不出一者,皆"輿尸"也。军旅何所听命乎?其取败必矣。①

显而易见,理雅各的译与注皆是《周易折中》的翻版。六三爻辞的阐释难点,即在"輿尸"二字包含着歧义两重:解作车载士兵们的尸体,这是覆亡的显象,并非与"凶"的占断不合;解作车载着多位统帅,号令不专一、失效力,等于尸体,这就点出败亡的内因,既合乎占断,又与六三爻在全卦中的所是所处一致。在汉语原文本中,这两重意思是可以并存的,但翻译却难以两全,可见理雅各对原文意义的筛选是十分审慎的。

理雅各对原文本的正确理解也可以从其他易学家的著作中得到佐证。例如清惠栋《周易述》对《师》卦六三爻的注是:"坤为尸。坎为车,多眚。同人:离为戈兵,为折首。失位,乘刚无应。尸在车上。故车尸凶。一说,尸,主也。坤、坎皆有輿象。师以輿为主也。"其后惠栋又自疏曰:"坤为身,为丧,身丧,故为尸。坎为车,多眚,《说卦》文。《虞本》輿为车,故云车也。与《同人》旁通,故同人。离为戈兵,《说卦》曰:离为折上镐。《离》上九曰:有嘉折首。离折乾首,故为折首。三以阴居阳而乘二刚,又不与上应,故失位,乘刚无应。坤尸在坎车之上,故车尸凶也。此上虞义也。一说,尸,主也。《释诂》文。《战国策》曰:宁为鸡尸,故知尸主也。《说卦》:

---

① (清)李光地等撰,李一忻等点校《周易折中》,北京:九州出版社,2002年9月第1版,第92、93页。

坤为大舆。坎其于舆也为多眚。故坤坎皆有舆象。輿、舆古今字。师以舆为主者。师之进退，以舆为主。凡帅师谓之师赋舆，故曰舆尸。楚令尹南辕反斾，王用伍参之言改辕而北。则师之进退在舆也。三失位，以弟子为主师，故或之。乘刚无应，有帅不从，众所不与，故凶。义亦通也。"惠栋以训诂格义，更为通透，足证理雅各所取不谬。当然，魏王弼、宋朱熹、清陈梦雷、现代尚秉和、刘大钧、黄寿祺等易学家均取"载尸败归"意，可见这在历代都是更被广为接受的解释。然而这也说明，尽管理雅各的译本距今已有百余年，已不复是《易经》英译的最佳版本，但其不仅对于《易经》在海外的传播，而且对易学在国内的传承都有不容忽视的参考价值：就像对"师或舆尸"的阐释，理雅各的翻译乍看是陌生费解的，但却并非《易经》文本在英语中的变易，而是有它的传统本源。从理雅各的阐释，我们可以回溯到《周易折中》《周易述》等注疏版本中更为"小众"却未必不然的阐释，继而对易学的全面传承起到维护之功。翻译不仅是单向的对外传播，也是待时来复的返观自照，处在李庆本先生在《跨文化研究的三维模式》《跨文化阐释与世界文学的重构》等文章中所提出的跨文化环形之旅的进程之中。

二、"解而拇，朋至斯孚"：理雅各的理解偏误

理雅各虽然着重按照《周易折中》里收集的《朱子本义》《程氏易传》等权威易传来翻译和阐释《易经》，然而由于文化与信仰上的隔阂等原因，他的理解和阐释也偶有疏漏。

例如《解》卦九四：

四爻辞	九四：解而拇，朋至斯孚。
JL	(To the subject of) the fourth NINE, undivided, (it is said), "Remove your toes. Friends will (then) come, between you and whom there will be mutual confidence."

此处的"孚"字传统上一般解作"信"，尽管当代李镜池等易学家结合考古学、人类学的方法与材料也有"俘"的新解。"而"字，据《周易折中》所录何楷注，"而"训为"尔"。可见理雅各的译文是非常允当的。然而他在脚注中说：

第七章 《易经》英译六版本比照举隅

第四爻所言以向其主体致辞的形式展现。该爻刚而居于偶位，可它相对的第一爻柔而居于奇位。这一联合于善无益。第一爻是作为第四爻主体的足趾来象征的。如其所示，在移开这足趾后，朋友或朋友们会来到他那，何以如此，我则无从理解。

结合爻辞，如果将《解》卦九四爻喻作一个人的话，那么足趾这一象征最恰当的指涉应该是初六爻，理雅各已经理解到了这一层；他把"解而拇，朋至斯孚"理解为向九四爻象征之人的一段说辞，也是恰切的。然而理氏拘泥于逻辑理性，却忽略了语言的灵活可变性。诚然，如果我们将这则爻辞用白话向人言说："移开你的脚趾头吧，和你互相信任的朋友就会来了。[Remove your toes.Friends will(then)come, between you and whom there will be mutual confidence.]"这是多数人不会相信的，因为移动足趾和朋友来见在现实生活中几乎没有可能构成因果关系，即便"解而拇，朋至斯孚"的情况确实发生了，也更可能仅仅是时间先后次序。以逻辑理性推之，不仅理雅各不能理解，任何人都难以置信。在《解》卦的卦象上，初六爻和九四爻构成对位关系，九四为阳爻居于阴位，初六为阴爻居于阳位，二爻构成阴阳对应的关系，但九四性刚而居于中间宜于示弱之位，初六性柔而居于初始宜于自强之位，以直观具象喻之，九四为男子，初六为足趾，这是贴切的；进而以儒家的观念更进一层，由于易卦第五爻一般为君位，第四爻为阳爻，可以视为君王身边的重臣，那么与九四对位的初六就很容易被视为这重臣所宠信的小人了。重臣宠信小人，自然会有刚正之人相谏，如果直言，自然可说"解而所爱之某某，朋至斯孚"。然而，如果要说得委婉一些，而同时这重臣也是聪明善解人意的，不正可以说"解而拇，朋至斯孚"吗？理雅各之不可解，正由于他未能更进一层，理解这段爻辞中的喻中之喻、话里的机锋。《解》卦之中，九四象为人，初六象为拇，是可解的。一旦放入话头，便不可解了吗？"解而拇，朋至斯孚"这话即便不是《解》卦中的爻辞，脱离了爻象卦象，就不能作为独立的修辞存在了吗？比如，莎士比亚戏剧的对话中，就充满了隐喻的机锋。易学义理一派，即是不为《易经》的象征体系所限，结合社会的实际和时代的发展而说开去的。然而义理也不能脱开象数太远，不然就不成易学而成了别的哲学、伦理学了，这另当别论。

理雅各在译文中多次称引朱熹，从他的译与注看，他在《周易折中》里最为倚重的，确是朱熹的《本义》。朱熹的易学和其诗经学一样，较少牵强

附会的痕迹,说理较为明白晓畅。《本义》释《解》九四爻辞云:

> "拇",指初。初与四皆不得其位而相应,应之不以正者也。然四阳初阴,其类不同,若能解而去之,则君子之朋至而相信矣。

朱熹的注释颇为简明。回顾理雅各的脚注,可知是与《本义》的思路一致的。如果我们径将《本义》中的这则译为英文,恐怕西方读者也要不明就里:前边说的都是阴阳爻位,怎么突然就跳到"若能解而去之,则君子之朋至而相信矣"?其因在于朱子在这里省去了中国传统的君臣之分、君子小人之辨的文化背景。这一文化背景是中国读者多能自行补足的,在西方读者却十分困难。其实朱熹的意思,亦是他的师祖程颐的分析的简化,且看《程氏易传》:

> 九四以阳刚之才居上位,承六五之君,大臣也。而下与初六之阴为应,"拇",在下而微者,谓初也。居上位而亲小人,则贤人正士远退矣。斥去小人,则君子之党进而诚相得也。四能解去初六之阴柔,则阳刚君子之朋来至而诚合矣。不解去小人,则己之诚未至,安能得人之乎也。初六其应,故谓远之为解。

程颐的阐释更为层层剥析,当然道学的色彩也更为浓重,不复《易经》原初的本色。如果理雅各能从程颐的解释出发,以朱熹的概括为底本,淡化道学的说教而略做解释,则能免去其译文差一层意思未点到的遗憾。

三、大、太、泰:Richard Rutt对历史语境的还原

在第四章中已讲到Rutt对《易经》的地域及时代背景的关注。例如,他将《泰》卦译成"great",并自己说明道:

> 多数译者争取让这个标题成为有所意味的名称,依循理雅各,将"泰"译成"平安"。尽管这在后来的汉语中是可能的,但在卦爻辞和"十翼"里并未涉及平安,而且理雅各和卫礼贤都没让译文带有信服力。在周代,这个字最常被作为都表示"伟大"的"大"或另一个"太"

的繁体使用,而"大"这个字也在卦辞中出现。①

起初将《泰》卦译成"peace",主要是卫礼贤译本的选择。理雅各在卦名的翻译上倒是只标音而"不立文字"的。"泰:小往大來。"理氏译文如此:"In Thâi(we see) the little gone and the great come."②他在译文脚注中解释道:"彖辞和《泰》卦的形式有关,《乾》卦三阳爻在下,《坤》卦三阴爻在上。前者乃'大',动而刚;后者乃'小',静而柔。"③可见理雅各是把握到《泰》卦内部阳爻自下而上消去阴爻的运动趋势的。然而理氏并未明确指出过与《泰》卦意蕴对等的英文词汇,无论是"peace",还是"great"。说多数译者将"泰"译为"peace"是受理雅各的影响,这一看法是不确的。我们可以对理雅各的阐释再加以补充:为何《复》卦䷗、《临》卦䷒、《大壮》卦䷡、《夬》卦䷪同样表现了阳爻消去阴爻的进程而不称"小往大来"呢?《复》《临》二卦阳爻少而阴爻多,在质上处在"强势"而在量上处于"劣势",不足为实实在在的"大";《大壮》《夬》二卦则已然是阳爻即将消尽阴爻的状态了。而只有《泰》卦的内外卦存在着阴阳爻动态平衡的节点,阴爻和阳爻均为三爻,势力是平衡的,阳即将为"大"而尚未"大",所以是"来";"阴"即将为"小"而尚未"小",所以是"往"。因此,我们可以认为《泰》卦的外在形式是"安"(peace,阴阳相安),内在趋势却是"大"(great,阴将小,阳将大)。"泰"字取前者的意思,我们常用的词有"国泰民安""处之泰然"等,《论语·尧曰》:"泰而不骄,威而不猛。"《庄子·庚桑楚》:"宇泰定者,发乎天光。"都是取"泰"的这一义项。"泰"通假"太","太平"也就是"泰平"。"泰"字取后者的意思,如"泰山""太山""大山",言山之雄壮。我们可以归纳出两种情况:"泰""太"相通,"泰"繁写,"太"简写,表平安意;"泰""太""大"相通,"泰"书写最繁,"太"较简,"大"最简,表伟大意。表平安意时,"太"字虽简但容易导向"大"的义项,所以在不惮刻写之烦的地方,用"泰"字多于用"太"字;表"大"之意义时,鲜少用"泰",但在专名等有着重说明之必要时用之,如"泰山""泰西"。如前分析,《泰》卦之"泰",是兼有"安"与"太(大)"的义项的。Rutt 认为周代"泰"字多用作

---

① Richard Rutt. The *Book of Changes* (*Zhouyi*). London: Routledge Curzon. 1996, p.303.
② James Legge. *The Yî King or Book of Changes*. Oxford: The Clarendon Press. 1882, p.81.
③ James Legge. *The Yî King or Book of Changes*. Oxford: The Clarendon Press. 1882, p.82.

"太(大)"的繁写形式,而且象辞中出现了"大"字(爻辞中未出现,所以应当译为"great"。尽管周代"泰"字表意分类统计的证据并未确凿,但如我们所分析,《泰》卦表面形式处于"安"而内在性质趋于"大",所以其主要意蕴是"大","安泰""太平"之意次之;进而论之,不写为《大》或《太》,则以其为专名之故。①

四、释译关系:汪任译本的得与失

汪任译本用得较多的一种翻译策略乃释译结合,在译文中将西方读者可能不熟悉的文化背景或可能不易理解的文化意蕴减损或补足。

如《乾》卦用九:

用九辞	用九:見群龍无首,吉。
JL	(The lines of this hexagram are all strong and undivided, as appears from) the use of the number NINE. If the host of dragons (thus) appearing were to divest themselves of their **heads**, there would be good fortune.
WB	When all the lines are nines, it means: There appears a flight of dragons without **heads**. Good fortune.
RL	*All Use Yang Lines* When one sees a flight of dragons without heads, it is good fortune.
RR	All (9): See dragons without **heads**. AUSPICIOUS.
汪任	— None of the dragons claims to be the **chief**; This is a sign of good omen.
傅	The select nine as the number in divination, it is as if a group of dragons appeared in the sky and none of them posed as the **leader**. There is good fortune.

"见群龙无首",汪译为"None of the dragons claims to be the chief"。西方译者均将"首"译作具象的"heads",而汪任则是译作抽象的"chief"。

---

① 关于"大""太""泰"三字联系与演变的专门论述,参见毛永森《"大""泰""太"字辨析》,载《青海医学院学报》1993年第2期;叶玉英《论程度副词{太}出现的时代及其与"太""大""泰"的关系》,载《福建师范大学学报》(哲学社会科学版)2009年第3期。

再如《坤》卦六五:

五爻辞	六五:黄裳,元吉。
汪任	-- 5.You are dressed in yellow like an official; This is a sign of supreme omen.

其中的"黄裳",汪任译为"You are dressed in yellow like an official",直接点出黄色上衣相匹配的社会身份。

又如《需》卦九五:

五爻辞	九五:需于酒食,贞吉。
汪任	— 5.Waiting in leisure, You will have good forture

"需于酒食",汪任译为"Waiting in leisure",径将"酒食"转化为"闲暇"。这样的翻译策略,固然容易使译文晓畅,在相当程度上消融了不同语言文化间的隔阂,但也容易放大译者理解原文程度对于译文造成的影响。

例如《乾》卦九四:

四爻辞	九四:或跃在渊,无咎。
汪任	— 4.The dragon will either soar to the sky Or remain in the deep. There is nothing to blame in either case.

"或跃在渊",汪任译为"The dragon will either soar to the sky/Or remain in the deep"。这一表述补足了译者认为原文欠缺的逻辑层次,即"龙或飞在天,或跃在渊"。然而联系初九"潜龙"、九二"见龙在田"、九五"飞龙在天"、上九"亢龙",可见龙本来可以上天入地,陆行水游,不是只在天渊之间升潜。《说文》:"渊,回水也。"渊可以是深水,但不是"潜龙"可能一潜到底的水底。而且原文中的"跃"乃是一个向上腾跃的动作,汪任译为"remain",则削去了原文动态进取的意味。

再如《讼》卦上九:

上爻辞	上九:或錫之鞶帶,終朝三褫之。
汪任	— 6.Even if a belt of honour is bestowed, It will be deprived of within the day.

或许译者认为在假设语境中不需要强调也亦不可能确认剥夺鞶带的

具体次数,因此"three times(三)"被省去了。综上,译者虽然是出于替读者省力气的好心,但也凸显了译者自身的存在感,降低了译文对应于原文的可信度。

从上举各例可以带出一个严肃的问题:文化长城的修复与再造,需要进行跨文化阐释与传播的人拿捏好尺度,不然过犹不及,有时出于一番好意的修补与改造,反倒不如老实地尊重古迹来得妥当。

五、经传关系:傅译本的过度文化负载

傅惠生译本常将释译结合,其中较为常见的方式,是掺入了不少后世易学家对卦内爻位关系的分析看法。如:

1.《比》卦六二:

二爻辞	六二:比之自內,貞吉。
傅	Six at the second line, he closely assists the nine at the fifth from inside. If he perseveres in the right way, there is good fortune.

爻辞"比之自內",傅译为"he closely assists the nine at the fifth from inside",这是根据对位之说,将《比》内六二爻援应九五爻的情况向读者标明。

2.《小畜》卦九五:

五爻辞	九五:有孚攣如,富以其鄰。
傅	Nine at the fifth line, he is sincere and leads all yang to trust and enrich his neighbor.

这是说明《小畜》内的九五爻处于尊位,统领其余四阳爻一齐护持六三爻的情况。

上九:

上爻辞	上九:既雨既處,尚德載,婦貞厲。月幾望,君子征凶。
傅	Nine at the top line, the accumulated clouds turn into rain and the accumulation of yang comes to a stop. The firm yang virtue has been excessively accumulated by the yin. It is as if the moon were approaching fullness and the yin should stop accumulation timely. If the superior man is willing to be accumulated continuously, there is a disaster.

"既雨既處,尚德載,婦貞厲。月幾望",傅译为"the accumulated clouds

turn into rain and the accumulation of yang comes to a stop. The firm yang virtue has been excessively accumulated by the yin. It is as if the moon were approaching fullness and the yin should stop accumulation timely"。

3.《履》卦上九

上爻辞	上九:視履考祥,其旋元吉。
傅	Nine at the top line, he recalls his experience of careful walking, examines and considers the signs of good fortune and disaster. Then he turns back to respond to the yielding yin. There is the best fortune.

爻辞"其旋",傅译为"Then he turns back to respond to the yielding yin"。

4.《泰》卦六四:

四爻辞	六四:翩翩,不富,以其鄰,不戒以孚。
傅	Six at the fourth line, he comes down with his kind to respond to the firm yang and keeps modest. He and his neighbors are all sincere without consultation with each other.

"翩翩,不富",傅译为"he comes down with his kind to respond to the firm yang and keeps modest"。

5.《颐》卦初九:

初爻辞	初九:舍爾靈龜,觀我朵頤,凶。
傅	Nine at the bottom line, the six at the fourth says to the nine at the bottom: "You forget about your own nature like a magic tortoise that can live without food, but you watch me eating andchewing with your mouth drooping. There is a disaster."

傅译为"the six at the fourth says to the nine at the bottom:……"直接把对话两厢指认为初九和六四二爻。

六二:

二爻辞	六二:顛頤,拂經,于丘頤,征凶。
傅	Six at the second line, he runs counter to the right way to seek nourishment from the nine at the top, an elder on the high hill. If he goes on like this, there will be disasters.

六三：

三爻辞	六三：拂颐,贞凶,十年勿用,无攸利。
傅	Six at the third line, he ignores convention to seek nourishment from the nine at the top. He should persevere in the right way to guard against disaster. In ten years he cannot put his ability to good use. If he does, there will be nothing beneficial.

其中"拂颐"译成了"he ignores convention to seek nourishment from the nine at the top"。

六四：

四爻辞	六四：颠颐,吉,虎视眈眈,其欲逐逐,无咎。
傅	Six at the fourth line, he runs counter to the right way to seek nourishment from the nine at the bottom and then provide others with it. He will receive good fortune. He is bent on him like a tiger glaring on its prey with ceaseless desire. There is no harm.

其中"颠颐"译成了"he runs counter to the right way to seek nourishment from the nine at the bottom and then provide others with it"。

六五：

五爻辞	六五：拂經,居贞吉,不可涉大川。
傅	Six at the fifth line, he ignores convention to seek nourishment from the nine at the top. He keeps contented in his position and perseveres in the right way, there is good fortune. It is not appropriate to cross great rivers.

其中"拂經"译成了"he ignores convention to seek nourishment from the nine at the top"。

6.《临》卦象辞：

卦　辞	臨:元亨,利贞。至于八月有凶。
傅	The Lin hexagram symbolizes supervision. The future is extremely smooth. It is appropriate to persevere in the right way. In August when yang qi begins to decline, there will be disasters.

"至于八月有凶",傅译为"In August when yang qi begins to decline, there will be disasters"。

7.《复》卦彖辞：

卦　辞	復：亨。出入无疾，朋來无咎。反復其道，七日來復，利有攸往。
傅	The Fu hexagram symbolizes return. The future is smooth. When yang qi returns, whether it develops inside or grows outside, there is no trouble. The vigorous friends gather together and there is no harm. All things of creation cycle and return along their own ways and in seven days it will be the time for yang qi to return. It is appropriate to go for a destination.

"出入无疾"，傅译为"When yang qi returns, whether it develops inside or grows outside, there is no trouble"。

8.《损》卦六三：

三爻辞	六三：三人行，則損一人；一人行，則得其友。
傅	Six at the third line, three women seek together one firm man and they will do him harm. If the six at the third seeks alone, she can find the strong and vigorous man as her friend.

纯是以爻象解爻辞。

9.《夬》卦九三：

三爻辞	九三：壯于頄，有凶。君子夬夬，獨行，遇雨，若濡，有愠，无咎。
傅	Nine at the third line, he is powerful on his cheekbones and angry on his face. There is a disaster. The superior man should be firm and resolute to go forward alone (to deal with the inferior man and wait for the time to eliminate him). Although he is caught in the rain as a result of mixture of yin and yang and gets wet through and even annoyed, he can punish the inferior man without suffering from harm in the end.

"遇雨"译为"he is caught in the rain as a result of mixture of yin and yang"，也被坐实了阴阳交遇的境况。

10.《困》卦六三：

三爻辞	六三：困于石，據于蒺藜，入于其宮，不見其妻，凶。
傅	Six at the third line, she is confined under a big rock and it is difficult for her to get through. She wants to lean on the thistles, but it is hard for her to lay her feet on thorns. Even if she retreats into her own house, she cannot expect the day to marry as a wife. There is a disaster.

傅惠生将是爻主体看作女性,而与传统阐释相悖。为此,他将多数人解作"未寻见他的妻子"的"不见其妻"译为"she cannot expect the day to marry as a wife"。

11.《丰》初九:

初爻辞	初九:遇其配主,虽旬无咎,往有尚。
傅	Nine at the bottom line, he meets his equal. Although he and the nine at the fourth are equally strong with firm virtue, there is no harm. If he goes forward, he will be honored.

则将初九与九四两阳爻对位的爻象关系带入到对爻辞的翻译当中。

12.《小过》九四:

四爻辞	九四:无咎,弗过遇之。往厉必戒,勿用永贞。
傅	Nine at the fourth line, there is no harm. If he is not excessively strong, he may meet the yielding yin. But if he hurries to meet her, there is danger and he must be on the alert. He can not display his ability. It is appropriate to persevere in the right way forever.

"弗過遇之。往厲必戒。"对应译文为:"If he is not excessively strong, he may meet the yielding yin. But if he hurries to meet her, there is danger and he must be on the alert."

这些做法,固然可以想见译者的目的是帮助读者理解,但却将"传""说"糅入"经"中,使译文不纯粹忠实了。而且后世易说,各自成理,但未有一家可以成为不刊之论而睥睨其余的。译者的一番好心,原可以用注释的方法来向读者说明的。指向与阐释太过明确的译文,反倒剥夺了原文的多种可能性。而且这一做法很容易陷入为人指摘的泥淖。傅惠生的译文并未将阴阳爻位的原理贯彻于每一条卦辞或爻辞上,在读者看来,如果这些原理是普适的,那么每一条卦辞或爻辞都可以在其中得到解释,而傅译仅仅展现了其中的部分,这便只有两种可能:一是傅先生并非权威可靠的译者,他本身只能理解并翻译、阐释其中部分容易或较为容易理解的文字,而其余并未点出阴阳关系的译文则因为译者本身理解上的障碍而变得不可信了;二是傅先生所使用的这种传统学说并不可靠,因为它只能解释部分《易经》中的文辞。因此,傅先生这番用心便成了吃力不讨好的未竟之功。

第八章
《易经》英译中的跨文化阐释诸问题

一、理雅各在《易经》英译中的中西文化对比

理雅各的英译始终贯穿着对中西文化进行比较与评判的意识。他从数理逻辑的角度出发,对中国传统的"太极生两仪"观念提出了质疑:

> 《系辞上》第七十、七十一节给出了八卦源始的另一种说明:"易有太极,是生两仪,两仪生四象,四象生八卦,八卦定吉凶,吉凶生大业。"……谁会保证说出生发两仪的"太极"意味着什么呢?在古典儒家文献中,这一名称在别处再没出现过。它是在公元前五(或四)世纪从某一道家资料进入《易传》的,我自己对此确然无疑。朱熹在《易学启蒙》中赋予它一个圆环的形状,即○,谈到他这一做法出自哲学家周子(1017—1073),并提醒他的读者要想到这一表述来自伏羲本人。在我看来,这一环形符号显得极不成功。"太极,"他说,"分而产生两条线——一条完整,一条中分。"但我不理解这如何可能。设使这一圆环自我展开是可能的——我们将会得到一条长线,—。如果它平分自己,我们有了两条完整的线,而对它们其中一条做一次分割就能给我们一条完整、一条中分的线状图形。试图将太极造成一个圆环,必会归于失败。①

熟知中国元典文献的理雅各认为"太极"这一称谓在先秦儒家哲学著

---

① James Legge. *The Yî King or Book of Changes*. Chapter Ⅱ, Oxford: The Clarendon Press. 1882, pp. 12-13.

作中是一孤例,当是从道家文本中来的。这一看法定会得到当代哲学家、《易传与道家思想》的作者陈鼓应先生的大力响应。理雅各进而对朱熹的图像化阐释进行了批判。他认为太极图形〇的分化有且只有两种方式:如果这一圆环做一次展开,则只能得到一条直线,即只有阳爻符号—,而没有阴爻符号- -;如果对这一圆环做一次切分,则能得到两个阳爻符号—,而需要对其中一个阳爻符号做再一次切分,方能得到阴爻符号- -。因此,理雅各认为将太极画作圆环符号是不成功的。理雅各所引朱熹《易学启蒙》说:"是生两仪:太极之判,始生一奇一偶,而为一画者二,是为两仪,其数则阳一而阴二。"其实,理雅各对朱熹原话的理解只是数理逻辑分析的一种方式,以他的这一思考路线,太极自然不能在一次化分中同时产生阴阳。然而太极可谓之乃阴乃阳,即根据周易哲学的"变易"原则,太极化生的下一进程存在着变阴和变阳的两种变化可能性。我们仍按照理雅各的手法,则太极环解是阳,环分是阴,阴阳变化的可能性皆蕴含在太极之中。如此对照朱熹原话,就能豁然开朗。此外,朱熹说"太极之判,……而为一画者二",可以理解为朱熹对太极圆环化分的处理方式是判分、切分,而非将圆环展开的方式,如此得到的只能是两条直线,看似存在理雅各理解的得出两个阳爻符号的可能性。然而朱熹又说"其数则阳一而阴二",可以理解为朱熹在直观的两条线型的几何存在的基础上,又有数的分析,即对这两条直线的命名可以有两种观照方式:分而观之,则是-与-,为两个阳爻符号—,其数目各自为1、1;合而观之,则成-加-,为一个阴爻符号- -,其包含的数目为2。可见,理雅各的批评是偏误的。其因在于理雅各将数理逻辑超凌于周易哲学之上,这两者自然是无法完全合辙的。而始自华夏先民对主观自我和客观存在的综合观察的阴阳理念虽可以用数理、图形做一定的归纳,却无法完全包含其中。不论是周易原初的阴阳二进制符号系统,还是后来周敦颐、朱熹等医学家创制的太极图式,都只能是对周易哲学体系的一种形象譬喻,是不可仅止于此的象,不是最终的意;包括《易经》《易传》以及后世的种种易传的文字文本,也都只是不可仅止于此的言,而非最终的理。理雅各的怀疑,是因为他身为西方传教士,身后有着强大而精严的西方宗教哲学文化体系,在他那里,两个巨大而深厚的文化板块进行着碰撞,必然会产生种种的冲突与交战。

理雅各基于对西方文化优越性的自信,对周易哲学体系总体上持批判的态度。他说:

第八章 《易经》英译中的跨文化阐释诸问题

中国的学者士绅虽对西方科学有着一知半解,却喜言电、热、光及其他欧洲物理诸种学问的真相均在八卦之中。当被问及他们和他们的同胞又何以一直不曾知晓这些真相,他们便说他们得先从西洋书上学习,之后他们翻览《易经》,则又见出这些是孔夫子早在 2000 多年前就全晓得的。如此证明的这种空想是稚气的;而《易经》将会明证是他们的一块绊脚石,并妨碍他们进入到科学的正确道路上,除非他们能捐弃他们的幻觉,即《易经》是涵括一切哲学所曾想见的万事万物的。①

理雅各在此批判了华人率尔以为易道无所不包而轻视西方科学的心态。实则易本是中国先民从生活经验和宇宙观察得来的丰富现象和质朴真理的归纳总结,先民继而以易作为处世行事的参考,并进一步对易学加以完善。西学东渐之际,由于清人长期处于闭关锁国的封闭环境中,对与中华文明并峙的欧洲文明基本持不愿研习且妄加否定的态度,而对本身的传统文化也是既缺乏理念上的承继革新,也绝少实际上的应用创造,仅仅陷于烦琐的考据之中。其实通变与革新本来就在易学的主要精神之中,在思想层面,它影响儒道又收受儒道的反馈,后又与佛学互相融通;在实际应用的层面,先民以易为工具,分析世界而又改造世界,《系辞下》记载:

作结绳而为罔罟,以佃以渔,盖取诸《离》。
包牺氏没,神农氏作,斫木为耜,揉木为耒,耒耨之利,以教天下,盖取诸《益》。
日中为市,致天下之民,聚天下之货,交易而退,各得其所,盖取诸《噬嗑》。
……黄帝、尧、舜垂衣裳而天下治,盖取诸《乾》《坤》。
刳木为舟,剡木为楫,舟楫之利,以济不通,致远以利天下,盖取诸《涣》。
服牛乘马,引重致远,以利天下,盖取诸《随》。
重门击柝,以待暴客,盖取诸《豫》。
断木为杵,掘地为臼,臼杵之利,万民以济,盖取诸《小过》。
弦木为弧,剡木为矢,弧矢之利,以威天下,盖取诸《睽》。

---

① James Legge. *The Yî King or Book of Changes*. Oxford: The Clarendon Press. 1882, p.38.

上古穴居而野处，后世圣人易之以宫室，上栋下宇，以待风雨，盖取诸《大壮》。

古之葬者，厚衣之以薪，葬之中野，不封不树，丧期无数。后世圣人易之以棺椁，盖取诸《大过》。

上古结绳而治，后世圣人易之以书契，百官以治，万民以察，盖取诸《夬》。

是故，易者，象也，象也者像也。彖者，材也，爻也者，效天下之动者也。

这里所列举的"盖取诸某卦"，共十三卦，涉及渔猎、农业、建筑、交通、商贸、礼、政治、军事等人类社会发展的精神、器物数个层面。这并非说周易六十四卦是先于人的发明创造的天外秘笈，而是说《易经》的卦象及其所系之辞包含着一些人类社会和自然王国的基本规律与法式，可以作为发明创造时的参考，而俟发明创造之成，其基本原理又可以纳入周易的抽象图式和说明文字当中。《系辞》的这段记述，说明《易经》的创生与发展是和中华文明的政治、经济以及器物等社会实际应用层面的发展史相伴随的。中国古代固然没有出现过向西方一样独立且分门别类的科学诸学科，但不可因此说中华文明没有科学的因素，只是中华文明科学理性的层面，在近古时期逐渐衰弱，被其他方面的畸形增生遮蔽了。说易学乃对自然宇宙普遍大体之认识，指导科学可也，以科学反推可也，这是当然不谬的；而引经据典而轻慢科学之具体研究与应用，是人之失而非易之误。现代海外易学的发展演化足以证明理雅各的误判：《易经》不是文明进程的绊脚石，它虽然抽象玄奥，却不是一场幻觉，而是具有普适性的弥合形上和形下两层的试金之石。况且，《易经》与其说是停留在过去式的典籍，毋如说是随世界与时代生长变化的生命体，它在邈远的时代曾以龟甲、金石、蓍草为载体，今天则非唯存在于有形的书籍当中，且在更为辽阔的赛伯空间中以源源不断的信息之流织构着壮观的云图。

二、Richard Rutt 的文化还原与具象化处理

Rutt 翻译的一个取向是将原文的文化特殊性转化为普适性。例如，《易经》中的"大川"，乃指作易者当时所在区域的某条或某几条大河。因

此理雅各、卫礼贤、林理彰的版本分别为"the great stream""the great water""the great river",以定冠词表示特指,且以"great"表示非一般的宽阔河流,这一方面让人容易联想到商周文明所在的黄河、洛水,但对于普通的西方读者来说,字面上的无障碍并不等于字义上的无障碍。而 Rutt 译成"a big river",削弱了对"大川"流量及区域的指示意义,使英语世界的读者易于将其理解为任何一条大江大河,甚至是不那么宽广的河流,这虽然多少淡化了《易经》的东方色彩和历史痕迹,但也凸显了《易经》受时间、地域限制无多的特性。

Rutt 其实十分注意保持《易经》属于其创制年代与地域的文化背景。对于一些专有名词,他的做法是先给出汉语拼音,然后在译注中加以解释,如"帝乙归妹"之"帝乙"作"diyi","先甲三日,后甲三日"之"甲"作"jia"等。

《解》卦九二:

二爻辞	九二:田获三狐,得黄矢,贞吉。
JL	The second NINE, undivided, shows its subject catch, in hunting, three foxes, and obtain the yellow(= golden) arrows. With firm correctness there will be good fortune.
WB	○ Nine in the second place means: One kills three foxes in the field And receives a yellow arrow. Perseverance brings good fortune.
RL	*Second Yang* This one hunts down three foxes in the fields, obtaining a yellow arrow. Constancy here means good fortune.
RR	(9)2:In the hunting field, getting three foxes. Bronze arrows. *Augury* AUSPICIOUS.
汪任	— 2.Three foxes are caught during the hunt; A gold arrow is found. When evils are got rid of, Perseverance in good virtue brings good fortune.
傅	Nine at the second line, he catches three hidden foxes in hunting and has the upright and moderate virtue like a yellow arrow. If he perseveres in the right way, there is good fortune.

依据《易经》创制及形成时代的社会经济发展水平,田耕等农事尚未普及,而田猎之经济、军事、政治、宗教意义仍十分重大,占社会生活相当比重。故"田"作为田猎之行动解释更为妥帖,而作为场所言,则捕猎之田野优于农田。然而"田"之作为农田的义项已有其社会现实之依据,所以阐释时也不可忽略。比较而言,理雅各"its subject catch, in hunting, three foxes"取最为重要义,卫礼贤"One kills three foxes in the field"淡化田猎行为,Lynn"This one hunts down three foxes in the fields"则猎捕行为发生之场所在田野与农田两可间,Rutt"In the hunting field, getting three foxes"坐实田猎行为与场地之联系,译文最为明晰。

Rutt的译本仍未能尽善尽美。

例如《比》卦六三:

三爻辞	六三:比之匪人。
RR	(6)3: Joining offenders. (DISASTROUS.)

《否》卦象辞:

卦　辞	否之匪人,不利君子贞,大往小來。
RR	[Bad for offenders.] Augury not favourable for princes. The great depart, the small come.

"否之匪人。"译文是:"Bad for offenders."显然Rutt是把"匪"理解成"恶人""盗匪"了。然而这实乃"匪"字的后起义,如唐李朝威《柳毅传》:"不幸见辱于匪人。"在《易经》的时代,"匪"常通"非",作否定义,如《屯》卦六二:"匪寇,昏媾。"《涣》卦六四:"涣有丘,匪夷所思。""匪"字的这一常见义也出现在与《易经》处在同一时期的《诗经》当中,如:《小雅·四月》:"先祖匪人。"《邶风·柏舟》:"我心匪石,不可转也。"《邶风·静女》:"匪女之为美,美人之贻。"如果我们参看理雅各、卫礼贤、Lynn等其他英译者的译文,发现他们多是以含"not""wrong"的语句来表达"匪"的意思的。Rutt译为"offender",并非完全不对,但显然是一种译者阐释自由度很大的意译,也和Rutt自己在翻译《泰》卦时所遵循的准则有违。再如,他把"君子"译成"prince",也很有直接按照字面理解成"君主之子"的意思。对于《易经》这一内涵意义与延展意义比字面意义丰富得多的开放式文本来说,这样的做法应当尽可能避免。尽管没有直接的联系,但是Rutt程式化

的翻译稍有疏忽,便容易把文本"锁定",而对《易经》的意蕴造成不必要的局限与压缩。

Rutt还相当注意与理雅各、卫礼贤等早期译者遵循中国经典注疏(主要是儒家的)的意识保持距离,他更倾向于以近现代易学的新见解和现代解构意识重新诠释易经。例如,他把《谦》卦译为"rat",把《豫》卦译成"elephant",《遯》卦解作"pig",《明夷》卦说成是"crying pheasant",竭力将卦名往象的方向靠拢,都是对传统观念的极大颠覆。

三、易学"义理""象数"两端在《易经》英译中的体现

清代编修的《四库全书总目》对易学中"义理""象数"两端的历史发展进行了概括:"《左传》所记诸占,盖犹太卜之遗法。汉儒言象数,去古未远也;一变而为京、焦,入于禨祥;再变而为陈、邵,务穷造化,《易》遂不切于民用。王弼尽黜象数,说以老、庄;一变而胡瑗、程子,始阐明儒理;再变而李光、杨万里,又参证史事,《易》遂日启其论端。此两派六宗,已互相攻驳。"①

易学分义理(meaning and principle)、象数(image and number)两端。今人每以义理为体,象数为用,前者高而后者下。然须知《易经》自秦火得存者,正在卜筮之用。考易之原始,本在究天人之至理,以思、以行,是思行合一之道也。空谈义理而不论象数者,易之道无以发,徒行象数而遗忘义理者,易之道无以返。

义理与象数的关系,在列为儒家正典的《系辞上》开篇就有明辨:"天尊地卑,乾坤定矣。卑高以陈,贵贱位矣。动静有常,刚柔断矣。方以类聚,物以群分,吉凶生矣。在天成象,在地成形,变化见矣。"先民首先直观看到上天下地的高与低的空间属性;由于天高难以企及,地低可以亲近,联系于自身,自然得出天尊地卑以及天上之物贵、地上之物贱这一类笼统的自然与社会相联结的属性,并分别定名为乾坤;再进一层,物与人的动静之状与刚柔之性就在空间限制和属性规约中被规范与划分;更近一层,人与物的所在、所属、何以在、何所属得到解释和确定,吉凶——幸与不幸、利与不利亦在有差等的人人、物物、人物之间生发。因此,天地以及天地之间的

---

① 《四库全书总目·经部易类小序》。

形象由于其中蕴含的机理而互动互应而变化不已。

经过以上这些最为本质核心的宇宙机理的推导,《系辞上》给出了更为具体的形象及其关系与变化:"是故,刚柔相摩,八卦相荡。鼓之以雷霆,润之以风雨,日月运行,一寒一暑,乾道成男,坤道成女。"乾坤这两重基本的宇宙道理最终落实于作为观察与思考者的人类本身。

《系辞上》接着说:"乾知大始,坤作成物。乾以易知,坤以简能。易则易知,简则易从。易知则有亲,易从则有功。有亲则可久,有功则可大。可久则贤人之德,可大则贤人之业。易简,而天下之理得矣;天下之理得,而成位乎其中矣。"对宇宙机理的思虑返回到人自身后,《系辞》作者进一步对乾坤的属性做出判断:乾有创生的力量,坤含化育的力量,并且自信地认为乾坤这两种宇宙核心力量是可以简单容易地认知与遵从的。因为它们容易认知,所以天高地厚、宇宙苍茫也可以为人心所亲近;因为它们容易遵从,所以在广阔的天地中人力可以有所作为。可见随着人类文明的发展,人在浩瀚宇宙中的孤独无助感逐渐在削弱。而且因为人能够亲近于天地,所以人也能与天地一起地久天长;因为人能够作用于万物,所以人对于天地的开拓可以日趋扩大。这不能不说是人类自信心的增长!更可贵的是,《系辞》作者的思考能由外物回转于内心,得出根植于人类社会的道德功业的范畴。至此,人与天地万物的属性与命运全部由可以把握运用的宇宙机理紧紧联结为一体。

亚里士多德曾在《范畴篇》中列举了实体(Substance)、数量(Quantity)、性质(Quality)、关系(Relation)、何地(Place)、何时(Time)、所处(Position)、所有(State)、动作(Action)、承受(Affection)这十类事物的本体论范畴。[①] 我们可以对照发现,在《系辞上》对理与象的辩证推论中,对于这些核心范畴多有涉及。

《系辞上》继而言道:"圣人设卦观象,系辞焉而明吉凶,刚柔相推而生变化。是故,吉凶者,失得之象也。悔吝者,忧虞之象也。变化者,进退之象也。刚柔者,昼夜之象也。六爻之动,三极之道也。是故,君子所居而安者,易之序也。所乐而玩者,爻之辞也。是故,君子居则观其象,而玩其辞;

---

① 苗力田主编《亚里士多德全集·第一卷》,北京:中国人民大学出版社,1990年9月第1版,秦典华译《范畴篇》,第5页。参见汪子嵩《亚里士多德关于本体的学说》,北京:生活·读书·新知三联书店,1982年4月第1版,第18—19页。

第八章 《易经》英译中的跨文化阐释诸问题

动则观其变,而玩其占。是以自天佑之,吉无不利。"卦的设立,是为了观察天地万物之象;卦辞是为了判断说明卦象的吉凶利害;而卦中处于不同爻位的阴阳二爻则反映了物象具体而微的互动变化。结果之得失、心理之忧喜、状态之进退、昼夜刚柔之更替,全部反映在象中,而且体现着天地人共同遵循的机理。卦爻之言辞,牵系于卦爻之象,依爻象而发;而爻象之变动,则反映折射出人们可以感知的道理,并能进而以之指导施用于具体人事。从而,对于个人而言,他人、他物之象及象之变动是可以通过思维言辞进行阐释认知的,并且,通过把握纷繁错综物象中的机理,可以规避风险、争取利好,所以天象虽然与人身疏远,但人心却沟通、求助于天理。所以《系辞上》后又引孔子之言:"蓍之德,圆而神;卦之德,方以知;六爻之义,易以贡。"依照韩康伯疏,这是说揲蓍之变化无穷,卦象之丰富而有度,爻义之变易而有所告示。由此,数、象、义虽有不同之形制,却在其本质上层层连为一致。其实,这也是《系辞》作者对人类智慧的自我肯定,以圣人等人类文化精英为代表的设卦、观象、系辞等沟通天地人的哲学探索,是可以掌握运用宇宙机理的。由此,我们也可以理解孔孟老庄、柏拉图、亚里士多德、康德等哲人的形上思考在枯燥赅要言辞中蕴藏的巨大智慧能量。古希腊普罗泰格拉曾说:"人是万物的尺度;是存在者存在的尺度,也是不存在者不存在的尺度。"康德则说:"有两种事物,我对它们思考得愈深愈久,就愈发感到惊奇与敬畏:这就是我头上的星空和心中的道德律。"正是人心将宇宙机理内化为尺度,才使星空与道德产生互相连接的可能。

《系辞上》接着还说:"象者,言乎象者也。爻者,言乎变者也。……易与天地准,故能弥纶天地之道。"借用普罗泰格拉的譬喻,人作为尺度,通过"言一象一道"这座通天塔,可以解释、掌握自然与人生的机理。所以义理离不开象数的形象,象数离不开义理的阐释,在其中任何一端往而不返都将失去人类智慧本身的精度,而距离真理越来越远。

最后,《系辞上》篇末总结道:"子曰:'圣人立象以尽意,设卦以尽情伪,系辞以尽其言,变而通之以尽利,鼓之舞之以尽神。'……是故,形而上者谓之道,形而下者谓之器。化而裁之谓之变,推而行之谓之通,举而错之天下之民,谓之事业。是故,夫象,圣人有以见天下之赜,而拟诸其形容,象其物宜,是故谓之象。圣人有以见天下之动,而观其会通,以行其典礼,系辞焉,以断其吉凶,是故谓之爻。极天下之赜者,存乎卦;鼓天下之动者,存乎辞;化而裁之,存乎变;推而行之,存乎通;神而明之,存乎其人;默而成之,不言而信,存乎德行。"通过援引圣人孔子之言,《系辞》作者拈出了贯通《易经》的几对重要范畴:象(形)——意、卦(象)——情(真、伪)、言(辞)——(卦、爻)象、变(化)——通(行)、利(吉)——不利(凶)、道(神)——器(物)。并且,这些范畴相互之间存在着互动互通的关系。所以,与西方哲学对事理物象条分缕析来区分明析范畴不同的是,中国哲学从以《易经》论述为代表的源头开始,就并不看重范畴的界定,而更强调其化用。许多概念与范畴甫一拈出,就又被散入一个横无际涯的理念体系当中,而其中只有乾坤、道这类寥寥的巨大概念、范畴来对其他相对次要者形成恒星般的牵引力。①

考察《易经》诸英译本的情况,对"易"之义理、象数的译介比例亦有所权衡。如前述 Rutt 译本,主要在卦名翻译上彰显物象,以其为先民具象思维的本色;傅惠生译本则大力在译文上显示汉儒推重的阴阳互动的爻象观。

自易的流变进入以易传、易学解经的时期,易之义理、象数两端显然出现了庙堂与江湖的分野,而在文化主流层面,义理一端无疑更为普及和彰显。易的思想在先秦经由易传深刻影响了儒道两家,②在政治哲学层面或主礼制仁政,或主无为而治,在社会哲学层面则或为入世,或为出世。而不论儒道,显然都是以义理来统御象数的。然而 Rutt 的译本大力探掘与回复《易经》象数的一面,很大原因便在于他不受中国传统儒道文化观念的约束,没有奉易传为经典的意识;亦在于他自有基督教的深厚信仰,而更倾向于将《易经》视为基督纪元之前的原始文化文本。受 Rutt 译本影响,美国易学研究者梅丹理在其论文《〈周易〉中的乾坤之舞》中将乾、坤以及构成六十四卦的阴阳二爻视为原始生殖力量与生命力的交缠互动。Rutt、梅丹理对《易经》的阐释和对易的理解容易被我们看成是与中国文化疏隔的西方视角,在很大程度上它们确实如此。但是这一层陌生、异化的理念实在是对传统之前的传统的揭示与接续,长期被义理遮蔽与压制的象数被赋予了新的面相。

---

① 笔者曾专以《"中国诗学"范畴的澄清》来对中西哲学、诗学对范畴的论述进行分析。参见拙著《古代"阴阳两仪"思维与中国诗学范畴论》,香港:中国古文献出版社,2013 年 7 月第 1 版,第 9—18 页。

② 学界的一般认识将易传归于儒家,而当代学者陈鼓应先生力证易传主要为道家思想,亦可自洽,详见陈鼓应《易传与道家思想》。

《系辞》云:"形而上者谓之道,形而下者谓之器。而人形体器,灵感神,下上而中,故形而中者谓之人。易之原始,道器不离,人居中而发明自然与人生之理,进而为我所用,改造自然与人生,复又回护、体证自然与人生之理。"在由易而经的初期,人所见所感的象数纷繁,而所悟所证的义理较寡;随着文明的发展完善,易由经而传,象数的部分收纳渐丰足,而义理的部分则扩展弥深远。易的生长与中华文明的生长同步,在不同阶段,其对义理、象数的侧重是变化不均的,但任何一端都不可偏废,都是一体互生的。今天我们将易放诸四海,则面对着新的象数,也需思考新的义理。

《易经》英译在义理、象数的不同程度呈现,其实也对我们借鉴西方汉学、反观传统国学、通往国际中国学的具体治学取向有所启示。我们既要在大的视野中看到大的格局,在中西文化比较中关注"义理之学",观照中西文化在基本思维、核心观念上的同与异、隔与通;也要归返原初的语言文字、依凭具体的文本材料,做"考据之学",以"显微镜"和"手术刀"做真切、精密的比照与剖析。而注目于新异表象、夸口以趣味谈资的"皮相之学",则不是我们今天推重汉学所该走的正途。中国学术传统上有汉学、宋学之分,而今天我们在跨文化交流语境中通过跨文化阐释促进跨文化理解,则更迫切需要形上之学与具体之学的进一步融通与协作。

四、《易经》英译与《圣经》的比附与比较

王夫之《周易内传·系辞上传》:"大衍五十而用四十有九,分二,挂一,归奇,过揲,审七八九六之变,以求肖于理,人谋也;分而为二,多寡成于无心,不测之神,鬼谋也。"易占乃是一种诗性哲学与理性思维的融合,在理性的形制之中包裹着诗心。在此可以看出中西文化之间的不同:西人将诗性纳入理性,如基督教;中华则以理性推升诗性,如周易。《圣经》虽然颇多对于人事的描述,但始终与神迹、神意、神恩相联结,旨在于将人引向天国与天父,而出乎此用心,则处处体现出一种叩问、锤炼人性的向内探索;《周易》"絜静精微",似乎有天意、大道、冥冥之宇宙大法则投映、作用于人间世,而具体则显现出一种吸收、验证真理的向外拓展。

意大利人、天主教耶稣会士利玛窦(Matteo Ricci,1552—1610)是《易经》的最初一批西方读者之一。明神宗万历三十一年(1603),利玛窦在罗明坚据天主教《要理回答》编译的《天主圣教实录》的基础上,编撰了《天主

实义》一书,后被收入《四库全书》中。《天主实义》以"中士""西士"二人问答讨论的语录体形式,开展对基督教要义的阐释和对中西文化思想的辨析。在书中,利玛窦认为宋明理学所主的太极只是虚象而非实理、"理"并非万物的本原,进而指出:"吾天主,乃古经书所称上帝也。"他所引材料包括《中庸》一条、《诗经》四条、《伪古文尚书》三条,《周易》一条,为"帝出乎震",并说:"夫帝也者,非天之谓。苍天者抱八方,何能出于一乎?"将广盖空间的具体的天空与作为宇宙统御中心的独一的上帝加以区分。根据这些材料,利玛窦总结认为:"上帝与天主,特异以名也。"①

理雅各将《易经》中的"凶"译为"evil",显示了中文原意向西方语境的偏转。凶训恶,②乍看与"evil"字义一致。但是彼时古汉语的"恶"更多"恶果"的义项,而"evil"在西方语境中与《圣经》中的"原罪"等宗教意义上的"罪恶"有自然的联结。因此,当西方读者阅读理雅各的译本时,所接受的"evil"之意义主要为卦爻辞所占所指某事性质上的"恶",而非其事结果上的"恶"。

在"经"的层面对读《易经》与《圣经》,其实均是在某一宗教"信心"(Faith)的独断视阈下掩抑其余的理念。王静安先生在《人间词话》中曾说:"诗人对宇宙人生,须入乎其内,又须出乎其外。入乎其内,故能写之;出乎其外,故能观之。入乎其内,故有生气;出乎其外,固有高致。"愚见易学研究亦应做如是观。在学术层面研究易学,须入乎其内,熟习其预测、阐释宇宙人生的系统;又须出乎其外,在跨越学科的学理上、多元文化的时代中对其进行客观冷静的剖析。入乎其内,故能运筹之;出乎其外,故能庖解之。入乎其内,故得同情;出乎其外,故得通理。

将《易经》与《圣经》看作东西方两种宗教经典文本进行比附对读,虽然两者皆已成为一种历史陈迹,但自有其在历史时代语境中不可抹杀的功用。公元前3世纪至前2世纪,希伯来圣经的通用希腊语译本在北非的亚历山大港城问世,这就是著名的"七十士译本"(The Septuagint)。西方阐释学(Hermeneutics)也由此诞生。而在公元1世纪初、东汉明帝时,印度高僧竺法兰、迦叶摩腾将《四十二章经》译入汉地。可见东西方有文字记载

---

① 本段所引详见《天主实义》,第21页,朱维铮主编《利玛窦中文著译集》,上海:复旦大学出版社,2007年10月第1版。
② 见《高亨著作集林·第一卷》,第161页。

的翻译活动,其初都与异域宗教、文化经典的跨文化传播与阐释相关联。考察《易经》的跨文化传播历史,《易经》与《圣经》的平行关系是不得不翻看的一页。

五、多元文化时代的《易经》跨文化阐释

朱伯崑先生在《易学研究中的若干问题》一文中谈道:"近代以来,由于西学东渐,欧洲的文化、思想以及哲学陆续传入中国。借用欧洲的文化、哲学和思维方式,以其为参照系,有助于理解中华传统文化及其思维方式的特色。《周易》系统的典籍,集中地体现了中国人的理论思维特色,只有通过东西对比的研究,方能揭示出其长处和短处,从而为人类未来思维的发展趋势提供某种借鉴或途径。那种自我封闭的在中国传统文化中兜圈子的传统的治学方法已不适合时代的需要。如德国的莱布尼兹,看到了邵雍的先天卦序图,发现其中有二进位制的数学思维,实际上他是以西方的逻辑思维解读邵雍的图式,其解读虽不尽符合邵雍易学的本义,但此种对比的研究,为我们开辟了一新的视野,这是中国传统的经学家所不能胜任的。通过东西对比的研究,探讨共同的逻辑语言,将中华思维方式传播西方,使其成为人类共同的文化财富,这也是我们当代易学研究者面临的一项艰巨的任务。"[①]从易学的发展进程来看,夏商周三代有"三易",春秋战国有《易传》,汉唐有卦气说,宋明有太极图式及与理学的结合,清有训诂、文献考证,近代以来更有人类学、社会学、考古学的研究方法的大突破。而随着东西文明从初期的剧烈碰撞逐渐进到交流与融合的状态,对《易经》的阐释与利用理当打破一国一方之学的拘囿,使其成为天下之公器。当然,这也对治易学者的学术视野与胆力提出了前所未有的巨大挑战。

但朱先生接着也讲道:"但东西思维的对比研究,不是东西比附,比附也是没有前途的。当前的易学研究中,有一种倾向,即将西方近现代的科学思维和科研成果,不加分析地套在中国古老的《周易》经传身上,如说其中有相对论、宇宙大爆炸、六十四种生物基因以及量子物理学等理论,视《周易》为包容古今学理的百科全书。此种比附,只能给易学研究带来思

---

① 李学勤、朱伯崑等著,廖名春选编《伟大传统:周易二十讲》,北京:华夏出版社,2008年3月第1版,第48—49页。

想上的混乱,也是脱离历史和分析方法而造成的后果。"①诚如朱先生所警示的,《易经》及易学固然伟大,可我们也完全没必要将其上升到神乎其神、全知全能的高度。我们应当清醒地认识到,正如易学发展史所昭示的,易从阴阳两仪、八卦、六十四卦和卜筮、经传、注说一路发展而来,完全是与人类的文明进程相一致的。今易绝非古易,冥合和发明不等于《易经》的本来面貌。《易经》对于我们的研究发明大有裨益,但也不需要夸大其功用、将其神化。

在辨明易学与科学的关系问题上,萧萐夫先生就说:"面对西方科技新成就,希望'古已有之'的'西学中源'说,幻想'移花接木'的'中体西用'说,都是曾经流行过的思想范式,并在中国文化走向近代化的进程中一再把人们引向歧途。显然,科学易的研究应当避免再陷入这样的思想范式及其种种变形,应当跳出中西文化观的'西方中心'和'华夏优越',或'浮浅认同',或'笼统立异',或'拉杂比附'等误区,而在传统易学与现代科学之间发现真正的历史结合点,从中国科学易三百年来具体的历史发展中去总结经验教训,提炼研究的方法,开拓未来的前景。"②

如此看来,《易经》等中华文化文本的外译就不仅仅是外族语言的转换和本国文化的输出,而是一种需要双向交流沟通的文化传播。这一负荷文化使命的翻译要求译者对源语言和目标语言所承载的文化均有深切体认,而这种文化之负荷贯穿于译本酝酿、生发之始终,且在译本完成之后仍川流不息。因为成熟的文化之间本就是可以相互融通的。译本与译者的失败,不论是从本国到异域的译出还是从异域到本国的译入,都是因为译者未能设身处地地真切体认彼一文化,而仅仅基于此一文化做理当如此的揣度,从而造成文化交通上的壅塞,而译者自以为的文化输出或引入如同陷入了莫比乌斯环(Möbius strip)一般的怪圈,看似不断前行,实则永在回返。

理雅各在其译本前言中便说:

中国人的文字书写是思想的象征符号而非字词的表现形式,而它们在文中的结合是作者所想而非他所言之表现。因此字面翻版对译

---

① 《伟大传统:周易二十讲》,第49页。
② 《伟大传统:周易二十讲》,第412页。

者来说是徒劳的尝试。当象征文字将他和原作者的思想带入一致中时,他就能用自己或任何其他的语言,以他可达到的最佳样式自由地表述意思。这是孟子在诠释他祖国的古诗时遵循的规则:"以意逆志,是为得之。"①

理雅各所引孟子之言出自《孟子·万章上》:"故说诗者,不以文害辞,不以辞害志;以意逆志,是为得之。如以辞而已矣,《云汉》之诗曰:'周馀黎民,靡有孑遗。'信斯言也,是周无遗民也。"这是我们非常熟悉的。可以注意的是,理雅各将"以意逆志"中的"志"转译为"语句的(表意)范围"(scope of a sentence),即文辞意蕴的全部可能性。这其实就涉及后来索绪尔、罗兰·巴特等学者所探讨的能指(signifier)与所指(signified)的关系问题。恰如理雅各所指出的,文字符号的表层(能指)之下,有着丰富而非单一的文化意蕴。即以孟子所举《诗经·大雅·云汉》之句所在文段为例:"旱既大甚,则不可推。兢兢业业,如霆如雷。周余黎民,靡有孑遗。昊天上帝,则不我遗。胡不相畏?先祖于摧。"汉代王充《论衡·艺增篇》曰:"夫旱甚则有之矣,言无孑遗一人,增之也。"又曰:"言'靡有孑遗',增益其文,欲言旱甚也。"又南朝梁刘勰《文心雕龙·夸饰》云:"虽诗书雅言,风格训世,事必宜广,文亦过焉。……说多则'子孙千亿',称少则'民靡孑遗'。……辞虽已甚,其义无害也。……并意深褒赞,故义成矫饰。"联系"周余黎民,靡有孑遗"这一"能指"的上下文,可知"周民无一人留存"并非其"所指",因为这是不合乎事实与常理的。这句话不仅夸张地极言旱情之严重,而且传达出诗人的极度忧虑,这才是深层所指,才是诗人之"志",也即理雅各所谓"它们(文字书写)在文中的结合是作者所想而非他所言之表现",是译者从原文本所要推原的作者思想。因此,在具体的《易经》翻译模式上,理雅各基本忽略了原文本在文字表层上的形式与音韵特征,而不吝词句,力求译文逻辑清晰、表意清楚,而体现出释重于译的风格。

理雅各对《易经》原有文化意蕴的传达是相当准确的,是文化翻译与文化传播的优秀案例,然而他的译本仍未尽善尽美,仍然陷于文化交通壅塞的悖论之中:过于期求意义的实在性和阐释的准确性,则必然对源语言

---

① James Legge. *The Yî King or Book of Changes*. Oxford: The Clarendon Press. 1882. Translator's Preface, p.xcv.

能指对应的所指进行排拣和压缩,而这一所指所对应的目标语言的能指,则必然体现出强制且生硬地限定能指的形式。表面上看,理雅各的译文避免了对原文本的"字面翻版"(literal version),但他却在某种程度上将原文本的意蕴压缩代入到他自己的理解当中,使译本成为英文的"字面翻版",这多少变成了对中西文字能指各自对应所指的两重损害。

理解即是阐释,都是翻译的意义所在。它们是两种方向:理解是来,是将彼处的未知转化为此在的已知;阐释是往,是将此在的已知向彼处的未知传播。但在翻译中,它们并不基于相对的两种立场和视角,不是一条线段的两端,而是如影随形的存在:在译者的视域里,当他面对原文本和原作者时,为使自我理解,他必须克服或善用自己的前见或前理解,对原文本和原文化加以阐释,就是将他者拉向自我,以期他者与自我的融合;而当译者面对目标读者和目标文化时,要让他者理解,他必须坚持折损自己的新见或新理解,调整阐释的幅度与力度,就是把自我交付他者,以期自我与他者的折中。因此,翻译文本既是理解的终点,又是理解的开端,既是阐释的成果,也是阐释的新枝。

俗谚:当局者迷,旁观者清。理雅各在翻译工作中也探照、剖析着中华文化的弊端,可谓"旁观者清",但他在指摘"当局者"的同时,自"当局者"观之,又处在了另一种"当局者"的处境之中,不自觉地展现出西方文化的弊端。如果从中西对立的立场出发,则两相隔膜,只见优劣得失。而只有承认中西文化等任何一种文化均非最为领先的文化,不仅能够"旁观"他种文化,而且能够"旁观"我之文化,才能使"东风""西风"跳出互相压制的纷争,进入互为补充的和谐环流当中。黄仁宇先生在《赫逊河畔谈中国历史》中引李约瑟的话说:"朱熹在没有产生一个牛顿型的宇宙观之前,先已产生了一个爱因斯坦型的宇宙观。"中华文化与西方文化相比,的确在宏大形上的宇宙观上用力更著。然而这里不应该有什么先后优劣的评判,中西两大文明的历史对话进程中,先是中学济西学为多,后是西学济中学之忽,然而任何一种文化,若果不向外交流,不自我革新,是难以为继的。中华文化是在与周边文化交流中发展充实起来的,近古渐倾于自闭,而受欧洲、俄国、日本之棒喝与重创;西方文化则在本土文化的基础上受西亚、北非等地区的文化泽溉,中世纪陷于保守倒退,近世重开文化之眼界,方又重振。

全球化是一个古已有之的人类文明进程,这是今天我们人文学者的共识,只不过当今文明全球化的范围、速度与程度都大大超过了此前的世代。

此前的文化交流,不管以采取极端的战争冲突,或以和缓的教化传习,不同的文化之间,总是更多以优劣高下的姿态相面对。然而信息技术的爆炸式发展使得信息的传输与获取变得异常广泛、便捷、公开,时空因素对于民族文化发展的限制变得越来越少,由此,不同文化之间的交流也容易在平等的间性关系之中进行。费孝通先生在《再论文字下乡》(收于《乡土中国》)一文中说:"文化是依赖象征体系和个人的记忆而维护着的社会共同经验。这样说来,每个人的'当前',不但包括他个人'过去'的投影,而且还是整个民族的'过去'的投影。历史对于个人并不是点缀的饰物,而是实用的、不可或缺的生活基础。人不能离开社会生活,就不能不学习文化。文化得靠记忆,不能靠本能,所以人在记忆力上不能不力求发展。我们不但要在个人的今昔之间筑通桥梁,而且在社会的世代之间也得筑通桥梁,不然就没有了文化,也没有了我们现在所能享受的生活。"《易经》以及易学的象征体系,可谓是中华文化得以传承延绵的文化象征体系的一部分;《圣经》《荷马史诗》等"二希"文明的经典,可谓是西方文化交汇融合的文化象征体系的一部分。而此前的文化通变[①]更多的是费孝通先生所谓"在社会的世代之间也得筑通桥梁"的工作,"在不同文化之间筑通桥梁"的工作,不能说是此前没有的,然而却在多元文化互通互变的今时今世变得前所未有的重要和频仍。以《易经》英译的发展情况为例,理雅各与他之前的翻译,更多的是以我固有之文化映照、收纳彼一异质文化的模式;卫礼贤(经贝恩斯转译)与他之后的翻译,更多的是以彼一异质文化为我固有文化之参照的模式。如此构筑的文化阐释之桥梁,或因我之居高临下,或因彼之兀然陡立,致使桥面一头高而一头低,行走其上,难以取得平衡。而由于不同文化逐渐处在平等平衡的间性关系位置,第二次世界大战之后的《易经》英译文本也越来越体现出平和、平易的文化互文特征。

李庆本先生在《跨文化阐释与世界文学的重构》一文中认为:"翻译不仅是语言的转换,而且也是文化的选择与变异。因此翻译也是跨文化阐释的特殊形式。"跨文化传播层面的翻译,要求译者具备极高的跨文化阐释能力,如此才能帮助读者形成完美的跨文化理解。然而这几乎是不可能完成的任务。如果说文本也是有生命的,那么译者如何才能把一种语言文化中的生命体完好无损地解构,再在另一种语言文化中天衣无缝地重新赋予其

---

① 即文化的传承发展,《系辞上》谓:"易,穷则变,变则通,通则久。"

生命？这简直就是要求译者能够庖丁解牛,之后还能生死肉骨！然而翻译之所以是美妙的,正因为其不只是译者独自进行的任务,而是世界和时间都不断向译本鼓吹生气的过程。是故尽管最为完美的、完全消除文化隔阂的译作也许还需要历经漫长的岁月才能出现,或者干脆永无可能出现,然而翻译始终是美妙的、有益的。

  易学传统对"易"有三层理解:不易,变易,易简。如果我们推诸译理,则原文本是相对不易的;而在空间的维度上,东方与西方必然在原文与译本的比较中体现出跨文化的变易;在时间的维度上,先辈与近世的阐释与翻译也必然有出现时代性的变易;但在时空旅行中的诸多文本必有可以通约而成沟通理解的对应性,即放诸古今东西皆准的人文共性。从理雅各等早期来华传教士的译本到当代西方易学家的译本,我们可以清楚看到,译文所用英语严丝合缝的文法逻辑已在不同程度上受到消解,而逐渐趋近于《易经》本身敞开在文字之外的意象与意义的独特魅力。这也验证:《易经》虽然在阐释与翻译的文本显现上有诸多变易的可能性,但其易简的特性却保证了不易的易道之核心在跨文化阐释中的顺利传播。

余论
《易经》与古希腊罗马史诗：阐释效度和文化张力的相遇

一、作为丰富多元的阐释体系的《易经》

《易经》一书，号称囊括宇宙人生之一切机理，国人学《易》、解《易》，也往往深信如此。个中缘由，主要因为由阴阳二爻构成的八卦及八卦组成的六十四卦乃是一个变化无穷又合乎规律的符号象征系统。范文澜《文心雕龙注》引焦循《易图略》言曰："孔子读《易》，韦编三绝，非不能解也，正是解得其参伍错纵之故，读至此卦此爻，知其与彼卦彼爻相比例，遂检彼以审之。由此及彼，又由彼及彼，千脉万络，一气贯通，前后互推，端委悉见，所以韦编至于三绝。"①焦循推原孔子读《易》韦编三绝的情形，并非孔子是个笨伯，下了"读书百遍，其义自见"的苦功夫，才把《易经》看懂，而是由于《易经》的卦爻之间相互牵连，六爻之间有当位、对位，卦有错卦、综卦、交互卦，甚至可以由任何一卦推衍出其余的六十三卦，所以拿《易经》来推求人事物理，可以思索玩味终日。

另一方面，《易经》的卦爻辞文辞简省而语意不粘连，譬喻与指涉有物象、有人事、有假设、有史实，这就使得《易经》不仅通过抽象的符号，而且可以凭借具体的言辞给予人们丰富的想象、理解和阐释空间。饶龙隼分析了《易经》卦爻辞的程式、义理、占断等多重历史性形成层面，以《乾》卦爻辞为例，可分成三层：（一）谣辞，初九、九二、九五中以龙为喻的爻辞可连缀成"见龙在田，或跃在渊，飞龙在天"这样一首与原始崇拜相联系的古

---

① （南朝梁）刘勰著，范文澜注《文心雕龙注》，北京：人民文学出版社，1958年9月第1版，第26页。

歌;(二)析辞,初九"潜龙勿用"、九二九五"利见大人"、九三"君子终日乾乾,夕惕若,厉"、上九"亢龙有悔"、用九"见群龙无首"属于卦爻辞编制者的分析性解说;(三)占辞,爻辞"元亨利贞"、九三九四"无咎"、用九"吉",属于对吉凶祸福的最终占断。① 这可使我们想见《易经》卦爻辞乃是一个蕴含丰富信息量的多重编码系统。闻一多的《周易义证类纂》,"以钩稽古代社会史料为目的解易",如认为"乾""本当为斡","乾即北斗",龙指龙星,"东宫苍龙之星",是大胆落到实处的创见。其后李镜池的《周易通义》几乎通篇都以阶级斗争史观解易,与恩格斯的《家庭、私有制和国家的起源》参证,居然也合乎情理、可以融通。不过李镜池先生的"六经注我"有时过于无羁。比如,他将《蒙》卦象辞"匪我求童蒙,童蒙求我"中的"童蒙"解为"蒙昧愚蠢的奴隶",说"童借为僮,奴隶",初六"发蒙"却又变为"割草伐木","发,伐",九二"包蒙"、六四"困蒙"延续了"草木蒙茸"的义项解释,于是到了六五"童蒙",蒙既成草木,童就被改训为"借为撞,击也","童蒙"又成了"撞蒙,砍伐树木"。上九"击蒙"承六五,只好"意同撞蒙",但与随后的爻辞"不利为寇,利御寇"语意悖乱,所以又含混地说成是抵御抢粮食的敌人,蒙的意思又游离成了"指斥抢掠者是蠢人"。② 又如《临》卦六三"甘临,无攸利",传统上都将"甘"解作"甘说",子曰"巧言令色鲜矣仁",所以"无攸利"。而李镜池将"甘临"解作"用钳制压迫的政策治民。甘,借为钳",显得毫无依据。③《说文》:"甘,美也。"甘字的甲骨文、金文、小篆等古文正像食物在口的情状,翻检《康熙字典》中甘字的义理,也找不出与"甘,借为钳"相近的义项。按照李先生的逻辑,《临》卦六四"至临"的"至"倒无妨解作"桎梏"的"桎",看成是奴隶主、统治者用枷锁统治奴隶、人民。总之,李镜池先生解《易》,新人耳目、引人新思,可也颇多值得商榷之处。《易经》的解读,虽然可以有多个向度,但切不可凭预设的一根或几根脑筋走到底,不然只会越走越歪、越走越窄。汉儒如是,宋儒如是,今人亦如是。比如李先生《通义》,一套降龙伏虎拳打下来,颇多打到实处,但用力过猛,端的是把生鲜活味都制成干货了。

---

① 饶龙隼著《上古文学制度述考》,北京:中华书局,2009年1月第1版,第123、124页。
② 李镜池著《周易通义》,北京:中华书局,1981年9月第1版,第11、12页。廖名春先生专以《释〈周易〉之"童"》一文厘清《易》本经中七处"童"字之义,认为是从"童秃"的本义引申为"脱去"。详见《伟大传统:周易二十讲》,第97页。
③ 《伟大传统:周易二十讲》,第40页。

二、《易经》卦爻辞与古希腊罗马史诗的巧合

　　笔者在本文中讨论的古希腊罗马史诗,具体指荷马史诗《伊利亚特》(*Iliad*)、《奥德赛》(*Odyssey*)和维吉尔的《埃涅阿斯纪》(*Aeneid*),对古希腊罗马的其他神话与史诗只略加提及。当然,这三部作品只是古希腊史诗和古罗马史诗中最负盛名的代表,由于维吉尔凭靠其能够使传统获得新生的天才,在情节、结构、修辞等多方面模仿了荷马,才使得这两种相隔至少七八个世纪的史诗获得了天然的血缘关系。

　　古罗马最伟大的诗人维吉尔的拉丁语拼法是 Vergilius,英语省去后缀就成为 Vergil。但从欧洲中世纪始更流行的称法是 Virgil,这也许受到了拉丁词 Virga(魔杖)或 Virgo(处女)的影响,而欧洲传统意义上的诗人近于先知,维吉尔身为同性恋的事实也广为人知。维吉尔的《牧歌集》(*Eclogae*)第四首预言随着一个孩童的降生,人类的黑铁时代将会终结,转为黄金时代,这被后世的基督徒附会为对基督降世的预言。总之,维吉尔身后获得了一种圣洁先知的形象,更被中世纪基督教奉为圣人。从罗马皇帝哈德良时代直至中世纪,《埃涅阿斯纪》成为一种占卜方式——"维吉尔卦"(*Sortes Vergilianae*)的文本,即通过随机选择《埃涅阿斯纪》中的一段话进行占卜。应验的著名例子有哈德良(Hadrianus)即位前选中的埃涅阿斯在冥府中其父安奇塞斯所说的一段话①和英国历史上唯一被处死的国王查理一世(Charles I)抽中的狄多诅咒埃涅阿斯的一句话②。

　　《埃涅阿斯纪》的预言魔力似乎从公元前 1 世纪一直延续到了 17 世纪,但其灵验的例证似乎太少了。凭靠只言片语的巧合,将神话传说与前途运程联结为前世今生,需要对冥冥天意与神力的莫大信心,更需要天大的运气。那么被中华文化视为可以诠释万事万物的《易经》③,能否打破时间与空间的限制,在中华文化的语境之外验证事物与事理呢? 荷马史诗和

---

　　① "Quis procul ille autem ramis insignis olivae/sacra ferens? Nosco crines incanaque menta/regis Romani,…"(*Aeneid* 6.808 ff.)"看,那边那个人头戴橄榄枝,手捧圣器,他是谁啊? 从他的头发和雪白的胡须,我认出他是努玛,他是罗马王,……"杨周翰译《埃涅阿斯纪》,南京:译林出版社,1999年6月第1版,第168页。
　　② "at bello audacis populi vexatus et armis."(*Aeneid* 4.615)"那么就让他去面对一个彪悍的民族,遭受战争的折磨。"《埃涅阿斯纪》,第102页。
　　③ 《系辞上传》说圣人用它可以"神以知来,知以藏往"。

《埃涅阿斯纪》的情节设定核心特洛伊战争发生于迈锡尼文明后期,公元前13世纪到公元前12世纪,至于荷马的生存年代,从公元前12世纪到公元前7世纪,众说不一,维吉尔则生活在公元前1世纪的罗马奥古斯都时代;而《周易》本经,即六十四卦及其卦爻辞至晚成书于西周末年、公元前8世纪,所反映的时代涵盖原始社会至奴隶社会时期,即从传说中伏羲统治时期、历经夏商周三代、直到西周初年的公元前11世纪。按照当时的文明水平,用影响研究的路子证明两个文明之间的事实联系是行不通的。尽管有学者提到这样的考古材料:在1987年末至1988年初美国洛杉矶"《易经》考古学研讨会"上,展出了一件希腊出土的3200年前的陶盆,上用殷代文字刻有:"连山八卦图,中国之历数,在遥远之东方。"然而这陶盆的来历和用语很值得怀疑,不足为信。① 那么下面展开论述的《易经》卦爻辞与三部史诗叙述的巧合,究竟是凑巧相合还是巧妙相合?

三、《姤》卦与《伊利亚特》

《伊利亚特》中最著名的桥段,非木马屠城莫属,可谓是特洛伊战争的标志性象征。再看《易经》中哪一卦与木马计最为相合?《说卦》说"巽为木",又说"巽,入也",所以我们可以先得到《巽》卦,《说卦》又说"乾为马",且"为金",金可引申为兵刃,兵刃又为战争所必须,所以我们又得到《乾》卦。"巽""乾"可以表征木马的物象,"乾"又可表征兵器的物象;"巽"可以表征设计让木马进入特洛伊城的事象,"乾"又可以表征屠城的事象。同时,先有木,后有木马,先入城,始得屠城,所以"巽"下"乾"上,是六十四卦中的《姤》卦。《彖》曰:"姤,遇也,柔于刚也。"《周易折中》引朱熹门生冯椅言曰:"古文姤作逅,遇也,亦婚媾也,以女遇男为象。王洙易改为今文为姤,《杂卦》犹是古文,郑本同。"②李镜池《周易通义》据此:"借为逅,即遘,后、冓声通。古文及郑玄本作逅,与占出外有关。又借为婚媾之媾,与占婚姻有关。"总之,从《姤》卦的卦象来看,上乾为天,下巽为风,天风下拂,象征着阴阳、男女遇合;而且一阴爻五阳爻,按照通例,一阴爻主五

---

① 转引自杨宏声《易学西传探微》,载《上海社会科学院学术季刊》1993年第3期。原引自黎凯旋《美国易经考古记》,载《中华易学》1988年第9卷第1期,为笔者未见。

② (清)李光地等撰,李一忻等点校《周易折中》,北京:九州出版社,2002年9月第1版,第349、350页。

阳爻,初六是主爻,正与海伦倾倒众生的形象相符。海伦(Helen of Troy)是斯巴达国王廷达瑞奥斯(Tyndareus)的女儿,当时全希腊的第一美女,求婚者纷至沓来,争执不下。奥德修斯提议掣签决定海伦的归属,并且要求婚者们预先盟誓,如中签者陷入因海伦引起的纷争,其他求婚者得发兵援助。最后迈锡尼国王阿特柔斯(Atreus)的儿子墨涅拉俄斯(Menelaus)中签,这是"媾"。之后,特洛伊国王普里阿摩斯(Príamos)的儿子帕里斯探访继任斯巴达国王的墨涅拉俄斯,将海伦诱拐至特洛伊,这是"遘"。尽管希腊人发动特洛伊战争的真实动机很可能是为了抢占特洛伊这个作为当时海上贸易枢纽的城市,但夺回海伦放在历史真实中也是一个合理而浪漫的幌子。特洛伊的首领们赞叹海伦的美貌:"特洛亚人和胫甲精美的阿开奥斯人/为这样一个妇人长期遭受苦难,/无可抱怨;看起来她很像永生的女神。"(Iliad 3.156-8)①海伦的声音也充满魅力,当希腊英雄们藏身木马时,海伦绕行木马三周,触摸木马的中空藏身处,模仿英雄妻子们的声音,逐个呼唤英雄们的名字,除了奥德修斯加以阻拦外,几乎所有希腊英雄都想走出木马(Odyssey 4.274-89)。再看《姤》卦中作为主爻的初六—阴始生,阴长阳消,五个阳爻呈后退之势。"恸哭六军俱缟素,冲冠一怒为红颜",海伦的美倾城倾国,也正与《姤》卦卦象相合。

再看卦辞:"姤,女壮。勿用取女。"如前所论,初六作为主爻,当然是"女子健壮";阴长阳消,自然是"女权壮大"(壮又可训为伤。《大壮》卦亦用此义项。诸家解易,也有解作"女壮伤男"的意思的,在此不做详论)。又《说文》:"壮,大也。"我们常见常用同义复词"壮硕"。《尔雅·释诂》曰:"硕,大也。"这不禁使我们联想到《诗经》中的《卫风·硕人》:"硕人其颀,衣锦褧衣。齐侯之子,卫侯之妻。东宫之妹,邢侯之姨,谭公维私。手如柔荑,肤如凝脂,领如蝤蛴,齿如瓠犀。螓首蛾眉,巧笑倩兮,美目盼兮。"这首卫风所赞美的卫庄公夫人庄姜身份尊贵,风华绝代。而"阿尔戈斯的海伦"也不遑多让,她是宙斯的私生女,有着半神的血统,荷马给她许多的修饰语,包括"美发的""美颊的""白臂的""长袍轻拂的""身披长袍的神样的""宙斯的女儿(后裔)""妇女中神样的女人(女人中的女神)",说她

---

① [古希腊]荷马著,罗念生、王焕生译《荷马史诗·伊利亚特》,北京:人民文学出版社,1994年11月第1版,第64页。

"容貌全然与金箭的阿尔特弥斯一样"(Odyssey 4.122)①。"勿用取女",取通娶,即"不要娶这个女子"。如此"壮硕"的美女,为什么不能娶呢?这里隐含的就是"红颜祸水"的潜台词。女子(阴)压过、胜过男子(阳),阴盛阳衰,就触动了传统两性观念的敏感神经。"红颜薄命",古希腊神话中讲到雅典国王忒修斯(Theseus)曾劫走还是少女时的海伦,后来忒修斯协助皮里托奥斯(Pirithous)去冥府抢夺冥后珀耳塞福涅(Persephone)时被冥王哈得斯设计囚困,海伦的兄长、后被宙斯升为双子座的孪生兄弟卡斯托耳(Castor)和波吕丢刻斯(Pollux or Polydeuces)才将其救出,结果随后海伦又为特洛伊战争担上了"莫须有"的千古罪名。"勿用取女",也适用于海伦,从苛责她的男性立场看,她是"红颜祸水",所到之处皆有纷争,尽管从同情她的女性立场来看海伦是完全无辜的,她只是受到了"红颜薄命"的无情命运的摆布。

《易经》里出现"勿用取女"这一析辞的还有《蒙》卦六三爻辞:"勿用取女,见金夫,不有躬。无攸利。"诸家解易,一派说"金夫"是"多金的男子"或"美如金玉的男子","不有躬"乃该女子由是不能洁身自好;一派说"金夫"是持兵器劫夺女子的武夫,"不有躬",是说该女子不能自保,或则劫夺者也很可能因这种不义的行为殒身。关于海伦至特洛伊事,有说是她和帕里斯俊男美女、两情相悦而私奔,有说是帕里斯垂涎海伦美色,趁墨涅拉俄斯外出将海伦劫走,不论哪种情况,都与《蒙》卦的这一爻辞相合,所招致的特洛伊战争使包括海伦和帕里斯之内的众多英雄、平民与奴隶都"不有躬",确实是得不偿失,"无攸利"。另外,闻一多先生"疑夫当为矢,躬当为弓,并字之误也……有弓无矢,不能射,故占曰'无攸利'"②。帕里斯在阿波罗的神助下射中了阿喀琉斯之踵,后在特洛伊城破时被成名更早的神射手菲罗克忒忒斯(Philoctetes)用毒箭射中后死去。帕里斯的这一宿命倒是与闻一多先生的解释更为投合。只不过古人借字往往用简字及常见字,"躬当为弓"的可能性极小。

《蒙》卦与特洛伊战争的关涉还不仅在一条爻辞。根据神话、史诗和考古,特洛伊城大致位于小亚细亚半岛、今土耳其的希萨利克(Hissarlik),

---

① [古希腊]荷马著,王焕生译《荷马史诗·奥德赛》,北京:人民文学出版社,1997年5月第1版,第57页。
② 见闻一多《周易义证类纂》。

北临达达尼尔海峡。特洛伊城由伊洛斯（Ilus）所建，城名 Troy，以纪念其父亲、宙斯的曾孙特罗斯（Tros）。伊洛斯的儿子拉奥墨冬（Laomedon）继位后，役使反对宙斯失败后被剥夺神权的波塞冬和阿波罗建造起巍峨的城墙。之后，大力神赫拉克勒斯攻占特洛伊，杀死拉奥墨冬和他的王子们，仅留下最幼的普里阿摩斯，也即最后一任特洛伊国王。而《蒙》卦由上"艮"下"坎"两卦组成，《说卦》说："坎为水"，又说"艮为山，……为门阙"。特洛伊傍海而建，合于水，又有高大巍峨的城墙，如山，亦同门阙，所以特洛伊城是合乎"蒙"的卦象的。此外，根据《伊利亚特》，希腊盟军就驻扎在斯卡曼德罗斯河（River Scamander or Skamandros）入海口，特洛伊城就在斯卡曼德罗斯平原附近的一座山岗"巴提埃亚"边上，这也合于上山下水的《蒙》卦。再看《易经》，《彖》曰："蒙，山下有险，险而止。"特洛伊城易守难攻，《伊利亚特》开篇时，希腊人与特洛亚人的战争已经进行了九年零十个月了。《蒙》卦象辞说："匪我求童蒙，童蒙求我。初筮告，再三渎，渎则不告。"特洛亚人将希腊人的木马拉进城时，卡珊德拉和拉奥孔都曾加以劝阻。从阿波罗、波塞冬等神明的视角来看，特洛亚人确实是不可再三告示的蒙昧孩童。但卦辞又一开始便说"亨"，结尾又说"利贞"，这岂不是与特洛亚人国破家亡的命运相悖？然而特洛伊阵营中的埃涅阿斯最终成为强大的罗马帝国的奠基人，所以仍是"终亨"。"利贞"，历来注家有说"贞"即"占"，"利贞"即利于占卜的，神明也确实一再给予特洛亚人明示；有将"利""贞"分开的，比如《文言》，"利"就是有利人事，"贞"就是守正、持守正道，"利贞"就是利于守正、守正才能有利，特洛亚人最后中了木马计，可谓晚节不保，善始不善终。

再往下看初六爻辞："发蒙，利用刑人，用说桎梏。以往。吝。"这合于宙斯惩罚波塞冬和阿波罗为拉奥墨冬修建特洛伊城墙的传说。海神和太阳神受赫拉的挑唆而企图推翻宙斯的统治，宙斯施此刑罚，一是让二位神祇悔罪，二是以儆效尤，警告奥林波斯诸神，所以是"发蒙"，是"利用刑人"。对波塞冬和阿波罗来说，宙斯的神威是无形的桎梏，为特洛伊人建造坚固城墙的契约是有形的桎梏。有海神和太阳神亲自建造城墙，当然是天大的好事，所以对特洛伊人来说也是"利用刑人"。"说"通"脱"，城墙建好之日，也是二位神祇脱去约束、恢复神权的时候，而拉奥墨冬由于傲慢和狂妄拒绝给神明偿报，引来日后神明的复仇，所以是"以往。吝"。

九二爻辞："包蒙。吉。纳妇。吉。子克家。""包蒙"，或解为"包容群蒙",或解为"为群蒙所包围"。特洛伊凭借其优越的地理位置,繁荣兴盛,对周边城邦与部落形成吸引力和向心力,所以是"包蒙。吉"。普里阿摩斯妻子众多,共有50个儿女,其中第二任妻子赫卡柏(Hecuba, also Hecabe)所出有19个,包括赫克托耳、帕里斯、卡珊德拉等。赫克托耳是特洛伊第一勇士,与希腊阵营的阿喀琉斯匹敌,卡珊德拉是阿波罗的祭司,阿波罗爱上了她。帕里斯虽然爱美人而不顾大局,为特洛伊带来了厄运,但他也是一位美男子,担当了判定赫拉、雅典娜、阿佛洛狄忒三位女神谁该赢得献给"最美女神"的金苹果的裁判,在娶海伦为妻之前,他的第一位妻子是艾达山神俄诺涅(Oenone)。而且赫卡柏深明大义,在帕里斯甫出生时被预言会为特洛伊带来厄运时,她便主动劝普里阿摩斯将帕里斯遗弃到艾达山上。所以普里阿摩斯当得上是"纳妇。吉"。此外,赫克托耳的妻子安德洛玛刻(Andromache)以她对丈夫忠贞的爱博得世人同情,成为后世众多文艺创作的主题(包括欧里庇得斯、拉辛的同名悲剧)。所以,赫克托耳也是"纳妇。吉"。而"子克家"无疑合乎赫克托耳这样一位集智勇、忠孝、仁义于一身的堪称完美的英雄。

　　六三爻辞前边已经分析。六四:"困蒙。吝。"特洛伊作为海上交通枢纽,作为一个富庶的港口城市,当然是希腊等诸多势力垂涎的一块肥肉,可谓"福兮祸之所伏"。而特洛伊人也似乎自负、乐观过头,开罪海神波塞冬,又掳走斯巴达王后海伦。可是特洛伊临海而筑,不可能不倚靠海神;而斯巴达是传统的以战争立国的民族,国王墨涅拉俄斯的兄长阿伽门农又是当时希腊联盟的盟主。所以特洛伊有着"困蒙。吝"的隐忧。波塞冬曾给特洛伊人带来洪水和瘟疫,而赫拉克勒斯也曾攻占特洛伊,屠杀了普里阿摩斯之外的全部特洛伊王嗣。不过"否极泰来",六五:"童蒙。吉。"拉奥墨冬最年幼的儿子普里阿摩斯又给特洛伊带来了最后的昌盛。上九:"击蒙。不利为寇,利御寇。"根据神话和史诗,特洛伊人确实没有怎么对外扩张,而强大的、有着当时最伟大英雄阿喀琉斯的希腊盟军花了十年时间才把特洛伊拿下,这确实是"击蒙。不利为寇,利御寇"。不过好景不长,一个国家总有兴亡盛衰,特洛伊最后的命运是悲惨的,尽管特洛伊的后裔在意大利建立了罗马帝国。而根据易理,物极必反,盈不可久,居于卦形顶上的一爻总会发生转变,老阴变为阳,老阳变为阴。《蒙》卦上九变为上六,就成了《师》卦,这是军事与战争专卦,可以象征特洛伊战争。上九变化且转移到初六,《蒙》卦则成了《明夷》卦,"明夷"的一种意思便是"日落""光明受创"。特洛伊有阿波罗神庙,特洛伊人是敬奉太阳神与光明之神的(当然,希腊神话还有另一个只以日神为职司的神明赫利俄斯)。特洛伊战争时,宙斯之外的奥林波斯诸神也纷纷选择希腊或特洛伊阵营站队,而阿波罗站在特洛伊人一边。因而《明夷》也征兆了特洛伊的最终命运。囿于篇幅,在此就不再对《师》和《明夷》两卦的卦爻辞进行具体分析了。

接下来再回头看《姤》卦爻辞。初六爻辞是:"系于金柅,贞吉。有攸往,见凶。羸豕孚蹢躅。"历代注家一般将"金柅"解作"铜车闸",《姤》的卦象是一阴始生,为了不使初爻阴的力量侵蚀往后五个阳爻,就需要一股刹车般的力量来制约它。按照汉儒的对位之说,这股力量就是九四阳爻。王弼注曰:"金者,坚刚之物;柅者,制动之主:谓九四也。初六处'遇'之始,以一柔而承五刚,体夫躁质,得遇而通,散而无主,自纵者也,柔之为物,不可以不牵;臣妾之道,不可以不贞,故必系于正应,乃得'贞吉'也。"①前边已经说过初六爻可以用来影射海伦,海伦作为"祸水",作为跟帕里斯出奔特洛伊的"水性杨花"的女子[帕里斯死后,海伦又为特洛伊王子之一的得伊福玻斯(Deiphobus)所得],自然需要强力约束。当然,海伦即便守身如玉,她作为斯巴达公主和希腊第一美人,本来也难逃被希腊豪雄们争夺的不幸命运。古希腊罗马素有掠夺婚和收继婚(寡妇再嫁亡夫亲属)的风俗,妇女普遍近同财货,哪怕是对赫克托耳忠贞不渝的安德洛玛刻也沦为阿喀琉斯之子涅俄普托勒摩斯(Neoptolemus)的侍妾,在其死后又嫁给赫克托耳的弟弟赫勒诺斯(Helenus)。另一位贞妇佩涅洛佩与丈夫奥德修斯在阔别廿载后仍相互好一番试探,固然因为这对夫妻都精明过人,也是当时人们在婚姻关系中难以守贞的大文化环境所致。九四这股强力可以对应谁呢?九二、九三和初六同属内卦,可对应海伦的兄长卡斯托耳和波吕丢刻斯;前述忒修斯在海伦少女时将其掳走,可说是海伦的第一位情人(不一定是合法的丈夫),而按照汉儒当位之说,九四是阳爻处在阴位,后来忒修斯被哈得斯囚禁在冥府,没能守住海伦,正是阳在阴位。此外,帕里斯拐走海伦时,墨涅拉俄斯正外出,帕里斯是离初六海伦最近的九二,有当时同在斯巴达的九三埃涅阿斯协助,远远隔开的九四墨涅拉俄斯自然无法看守住海伦。也有把"金柅"解作"纺车转轮的铜把手"的,如孙星衍《周易集

---

① 转引自黄寿祺、张善文撰《周易译注》,上海:上海古籍出版社,2001年9月新1版,第364页。

解》:"《九家易》曰:'丝系于梏,犹女系于男,故以喻初(六)宜系于(九)二也。若能专心顺(九)二则吉,故曰'贞吉'。今既为(九)二所据,不可往应(九)四,往则有凶,故曰'有攸往,见凶'也。"①这是说妻子如同纺织用的丝线,丈夫如同纺车上的部件,二者应当相联结,可是海伦作为初六不与九二的墨涅拉俄斯相守于斯巴达这一内卦(本国),却逢迎于远道而来的属于外卦(异邦)的九四帕拉斯,是放弃了本来的"贞吉","有攸往",去到特洛伊,"见凶",看到了凶事(或"现凶",使凶事出现)。

更为巧合的是史诗中的具体描述。特洛伊战争进行到第十年,希腊与特洛伊双方仍相持不下,希腊盟军作为长途奔袭的疲惫之师,处境十分不利。在《伊利亚特》中,第一卷主要叙述阿喀琉斯和阿伽门农的争执,第二卷写阿伽门农试探军心并罗列交战双方阵容,第三卷才以帕里斯和墨涅拉奥斯的决斗来拉开特洛伊战争几场关键战役的帷幕,而海伦也正是在这卷中正式登场:"她(神使、彩虹神伊里斯化身的普里阿摩斯的女儿拉奥狄克)发现海伦正在大厅里织一件双幅的/紫色布料,上面有驯马的特洛伊人/和身披铜甲的阿开奥斯人的战斗图形,/那都是他们为了她作战遭受的痛苦经历。"(Iliad 3.125-8)②"系于金梏,贞吉。"战事进行到海伦纺织之时,胜利的天平还是倾向特洛伊:如前所述,"贞"可以有两种解释,可以是"占卜吉利",由于阿伽门农拒绝归还他所劫夺的阿波罗祭司克律塞斯的女儿,阿波罗应允克律塞斯的祈祷,给希腊人降下了瘟疫;可以是"持守正道而吉利",特洛伊城墙坚固,身后是小亚细亚半岛,而希腊人的营垒就在海边,持久战肯定利于特洛伊一方。但是"有攸往,见凶",随着海伦走出大厅登上城楼,她便看见帕里斯在和墨涅拉奥斯的决斗中狼狈落败(对帕里斯来说,他走出特洛伊城门与墨涅拉奥斯决斗,也是"有攸往,见凶")。"羸豕孚蹢躅。"孙星衍《周易集解》:"羸豕,谓牝豕也。群豕之中,豭强而牝弱,故谓之羸豕也。孚犹务躁也。"③这句爻辞呈现了一头羸弱的母猪浮躁不安地徘徊的景象。古希腊罗马人以野猪作为勇猛的象征。荷马形容克里特首领、名枪手伊多墨纽斯:"他站定等待,有如在空旷的山野里,/一

---

① 转引自周振甫译注《周易译注》,北京:中华书局,1991年4月第1版,第155页。此外,帛书《易经》作"击于金梯",亦有碍止牵系意。参见刘大钧《周易概论(增补本)》,成都:巴蜀书社,2008年1月第1版,第196、197页。

② 《荷马史诗·伊利亚特》,第63页。

③ 转引自周振甫译注《周易译注》,北京:中华书局,1991年4月第1版,第155页。

头野猪深信自己体强力壮,/弓背等待呐喊着前来进攻的猎人。/它双眼迸发火光,不时把獠牙擦磨,/准备对付即将冲过来的猎人和猎狗。"(*Iliad* 13.471-5)①在希腊神话中,活捉厄律曼托斯山的野猪(Erymanthian Boar)是赫拉克勒斯的十二项伟绩之一,阿尔忒弥斯释放出卡吕冬的野猪(Calydonian Boar),最后被伊阿宋、忒修斯等希腊英雄围猎杀死。罗马帝国的第一意大利军团(Legio I Italica)、第十海峡军团(Legio X Fretensis)及第廿瓦勒里亚胜利军团(Legio XX Valeria Victrix),都将野猪作为纹章。所以,帕里斯在和墨涅拉奥斯的决斗中毫无还手之力和男子气概、狼狈落败的丑态正如一只疲弱逡巡的牝猪。此外,海伦以"无耻人/无耻的人"自称(*Iliad* 3.180; *Iliad* 6.344; *Odyssey* 4.145)这一词汇在希腊语中的原意指"狗",特别是用来侮辱女性的②。猪和狗在东西方都是人类最早驯化的家养动物,剔除后世附加得越来越多的侮辱意味,牝猪彷徨无助、不知所往的情状倒是与海伦的处境和心境恰好相符。

九二爻辞:"包有鱼。无咎。不利宾。"包即庖厨,为九二阳爻,鱼为初六阴爻,初六本来该与九四对位相应,但是九二"近水楼台先得月"了。九四墨涅拉俄斯挟强大的希腊盟军长途来袭,为宾,但是九二帕里斯倚借父兄的威势,纳初六海伦不还。特洛亚人以逸待劳,所以虽然不合"苟非吾之所有,虽一毫而莫取"的道理,但暂时"无咎"。帕里斯拒不奉还海伦,是"包虽有鱼,不以之利宾";同时特洛亚人"包有鱼",战斗给养优于希腊人,形势"不利于宾"。

九三爻辞:"臀无肤,其行次且。厉,无咎。"分析初九爻辞时说过在九二系指帕里斯的情况下九三可系指协助帕里斯从斯巴达劫夺海伦的埃涅阿斯。那么这一爻辞是否和埃涅阿斯在战事中的遭遇相应?帕里斯在决定海伦归属的决斗中落败后,特洛伊人却撕毁了信约,于是战火重燃(《伊利亚特》第四卷说是赫拉等神祇对战争就此结束不满,于是宙斯派遣雅典娜让特洛伊人违反誓言,雅典娜挑唆潘达罗斯射伤墨涅拉俄斯,激怒了希腊人)。在这场战斗中,双方伤亡惨烈,奥林波斯诸神也分别援助一方,狄奥墨得斯刺伤了阿佛洛狄忒,甚至在雅典娜的帮助下打得阿瑞斯落荒而

---

① 《荷马史诗·伊利亚特》,第301页。
② 详参陈戎女著《荷马的世界——现代阐释与比较》,北京:中华书局,2009年12月第1版,第185、186页。

逃，而他与埃涅阿斯的战斗则是如此："丢提斯的儿子/手里抓起一块石头——好大的分量，/像我们现在的人有两个也举不起来，/他一人就轻易扔出去，击中埃涅阿斯的/髋关节，正是他的大腿转动的地方，/人们管它叫杯骨；两条韧带被撞断，/粗石头砸破了皮肤。埃涅阿斯倒在膝头上，/跪在那里，用他的巨掌支在地上，/黑暗的夜色飞来，笼罩着他的眼睛。"(*Iliad* 5.302-10)在这种情形下，一般的角色就该毙命了，但埃涅阿斯尚有建立罗马民族的历史重任在身，命不该绝，他的母亲阿佛洛狄忒见状马上把他从战场上救走。荷马所描述的埃涅阿斯的伤势，的确与"臀无肤，其行次且"相近，"次且"即"越趄"，埃涅阿斯当时确实是连逃跑都很困难，命悬一线，故"厉"。好在他有母亲美神救助，所以陷于必死之地而能"无咎"。九三处于内卦的最顶，与外卦相接，所以还可以看作庇护帕里斯（九二）和海伦（初六）的整个特洛伊阵营。在阿喀琉斯的愤怒达到顶点之前，特洛伊城虽摇摇欲坠，但仍能抵挡厄运的侵袭。

这一爻辞还出现在卦序排在《姤》卦之前的《夬》卦九四："臀无肤，其行次且。牵羊悔亡，闻言不信。"伤势严重的情状，已和特洛伊人元气大伤的事实相合。"牵羊"这一举动，则跟特洛亚人将木马拖入城中的自取灭亡之举颇为相似。《夬》卦外卦为"兑"，《说卦》说"兑为羊"，我们看到外卦的第一爻即以羊设喻。《系辞下》曰："服牛乘马，引重致远，以利天下，盖取诸《随》。"《随》卦为"震"下"兑"上，即因羊与牛马都为人类驯养役使之畜牲而做引申。(俗谚"挂羊头卖狗肉"，和《晏子春秋·内篇·杂》下之一"悬牛首于门而卖马肉于内"相若，可知象以聚类，非限于泥于某物。此外，《说卦》言"乾为马"，又言《震》卦"其于马也，为善鸣，为馵足，为作足，为的颡"，《坎》卦"其于马也，为美脊，为亟心，为下首，为薄蹄，为曳"，可知卦象设喻主要借取事物显要之性质：马疾行劲键，合于《乾》卦，而于《震》《坎》之象则又取具体之马之情状，后来公孙龙的著名诡辩命题"白马非马"，即是着眼于马之具体不同的毛色。由此，我们看《乾》卦爻辞多以龙为譬喻，而《说卦》又言"震为龙"，其实又何尝有违碍！)"悔亡"，无悔也。"闻言不信"，与特洛伊人对拉奥孔和卡珊德拉的警告置若罔闻相合。"牵羊悔亡，闻言不信。"可见特洛伊人受诸神蒙蔽，请木马入城决意之坚。如读作"牵羊悔亡？闻言不信。"则成了事后对特洛伊遭受屠城厄运的叹息。但这分析指羊为马，仍有据片言任意发挥之嫌，立脚不稳，那么整个《夬》卦是否与《伊利亚特》或特洛伊之战有所联系？前边分析《姤》卦，起初从卦象上看，内卦"巽"可以表征设计让木马进入特洛伊城的事象，外卦"乾"又可以表征坚甲利兵屠城的事象。"巽"又为风，"乾"则可象作坚不可破之城池，希腊人的木马之计出其不意、攻其不备，以柔克刚，以智谋胜地利，恰如风之拂物，入于其间而无损无碍。这是从希腊人的立场看卦象。尔后分析卦爻辞，指出内卦可看作特洛伊一方，外卦可看作希腊人一方，则是采取的特洛伊人视角。《姤》卦下"巽"上"乾"，而《夬》卦下"乾"上"兑"，从卦形上看，两卦正好互为颠倒，这种情况叫综卦。从己方立场出发看问题的同时又能设身处地，从对方立场看问题，这才是综合，置诸战略，则是"知己知彼，百战不殆"。所以《夬》卦的内卦"乾"可表征希腊人，外卦"兑"可表征特洛伊人。"乾"三爻俱阳，可看成是希腊人的兵力优势，"兑"前二爻阳、末一爻阴，可看作特洛伊人城墙坚固而战力稍逊。又《说卦》言《兑》卦"为巫，为口舌，为毁折，为附决"，在希腊史诗时代，诸神的祭司、各种鸟占与梦占，确实在战事的进展中发挥了导向作用，左右着战争双方的决策；毁灭与溃亡，就是特洛伊的厄运，和希腊人为胜利付出的巨大代价，以及战后归程的各种不幸遭遇［奥德修斯等英雄遭遇的各种海难，还有阿伽门农凯旋后被妻子克吕泰涅斯特拉（Clytaemnestra）所弑］。《夬》卦卦爻辞以"扬于王庭"始，结于"终有凶"，亦与《伊利亚特》情节一一相合，在此就不再具体展开。

  复看《姤》卦九四爻辞："包无鱼。起凶。"参照九二爻辞"包有鱼"云云，此处指涉墨涅拉俄斯回到斯达巴发现海伦带着大批财物离去的情形，永载史册的争端由是惹起。九五爻辞："以杞包瓜，含章，有陨自天。"前面曾用九二指涉帕里斯，那么按照对位之说，九四可以系指射杀帕里斯的菲罗克忒忒斯（Philoctetes），帕里斯善射，射中阿喀琉斯之踵致其死亡，那么九四用来拟象希腊第一神箭手也十分相称。菲罗克忒忒斯是赫拉克勒斯的同性恋人，他的弓箭是大力神所赠。"以杞包瓜"中的"杞"，当指中国古时常见的杞柳，而非日后以药用闻名的枸杞。《列子·天瑞》中提到的"杞人忧天"故事所在的杞国，在今河南杞县，夏商周三朝时为杞柳之乡。据《史记·陈杞世家》："杞东楼公者，夏后禹之後苗裔也。殷时或封或绝。周武王克殷纣，求禹之後，得东楼公，封之于杞，以奉夏后氏祀。"杞虽贵为公爵之国，然"杞小微，其事不足称述"，春秋时迁至山东，为齐鲁逼迫，又屡迁，终为楚所灭。杞柳是杨柳科落叶丛生多年生灌木，枝条可编成篮筐等容器，今山东临沂地区的临沭、郯城即称杞柳之乡，以此为产业。"瓜"

当指匏瓜，葫芦的一种。孔子在《论语·阳货》中就说："吾岂匏瓜也哉！焉能系而不食？"这指待匏瓜老熟后，将其剖开做成水瓢等器具。《国风·邶风·匏有苦叶》："匏有苦叶，济有深涉。"这是当时的民俗，以剖开的匏瓜作"合卺"时的酒器。《庄子·逍遥游》中庄周对惠施说："今子有五石之瓠，何不虑以为大樽，而浮于江湖，而忧其瓠落无所容？"这是将匏瓜作为水上浮具。"包瓜"之"包"，或可视为"匏"的简字，而"以杞包瓜"，大致是以杞柳之条捆束匏瓜，或以杞柳之器盛放匏瓜，或是杞柳之树荫庇匏瓜。《朱子本义》云："杞，高大坚实之木也。"又《程氏易传》语："杞高木而叶大，处高体大而可以包物者杞也。"①二位宋代大儒所说杞树，从形状看绝非杞柳，不知是何树种，也许是对孔颖达《周易正义》所引东汉马融注"大木也"的发挥。宋儒之学，多重义理而忽考据。"以杞包瓜"，不必高木，也不必大叶，杞柳足矣。"含章"，是对"以杞包瓜"的进一步形容，言其文采美丽。《周礼·冬官考工记》云"青与赤谓之文，赤与白谓之章"，故后来以"文章"并举。"坤"卦六三爻辞也说："含章，可贞。"[后《文心雕龙·原道》据此，言天地文采（纹彩）"仰观吐曜，俯察含章"。]"有陨自天"，即"从天而降"，爻辞笔锋一转，又将视角转向了天上，语意却承前，降下的是美好吉祥。所以这段爻辞前后所言，一是自然利用于人事，而是天上赐福于人间。回到前面说过的九四可以象征的菲罗克忒忒斯身上，他身为赫拉克勒斯的好友，可取"杞柳之树荫庇匏瓜"这一项对"以杞包瓜"的解释来附会，如此当然也是"有陨自天"；他身携大力神的神弓神箭，英姿飒爽，当然也是"以杞包瓜，含章"。此外，菲罗克忒忒斯受弓神阿尔忒弥斯的庇佑，阿尔忒弥斯是狩猎女神，长在山林之中，对菲罗克忒忒斯来说，阿尔忒弥斯当然也像是荫蔽他的杞柳，自然也是"有陨自天"。再从全局来看，外卦"乾"有如希腊盟军，随着战事的进展，胜利的天平逐渐倾向希腊一方，支持希腊人的神祇逐渐占优势，连持中立立场的宙斯也开始倾向于希腊人，如此，也果然是"有陨自天"。

最后上九爻辞为："姤其角。吝，无咎。"最先已讲过"姤"的两层意思，一是表遭遇的逅，一是表婚姻的媾。角，斗也。这段爻辞可看成是对特洛伊战争的收束和总结。"姤其角"，总之是为争夺海伦，希腊与特洛伊相互

---

① （清）李光地等撰，李一忻等点校《周易折中》，北京：九州出版社，2002年9月第1版，第353页。

交战的状况。其结果呢,以上九爻所在的"乾"外卦(即希腊一方)立场来看,是虽然"吝",遭受了十年的延宕和巨创,但最终"无咎",成为战争的胜利一方。上九与九三对位,九三是阳爻在阳位的当位之爻,而上九是阳爻在阴位的不当位之爻,所以也合乎希腊人虽最后胜利但也付出惨重代价的情况。前面分析《姤》的综卦《夬》时,已提到《夬》卦卦爻辞可以指涉希腊人在战前、战中、战后的种种遭遇,再看如果《姤》卦上九阳极变阴所生成的卦是否还能表征特洛伊之战结束后的情况呢?角本义为兽角,角之爻位居于《姤》卦最顶,刚而易折,颇为不利。其一,上九变为上六,爻位不变,则成下"巽"上"兑",是为《大过》卦,"大过"或"太过"意为重大过失,希腊人与特洛伊人,本来就各有对错,也都有各自得罪的神明,希腊人破城后大肆屠戮,特洛伊文明几近毁灭,也开罪不少神明。尤其是历时十年的大战对希腊联邦造成了巨大的损耗,巴尔干半岛来的多利安人(Dorians)击垮了迈锡尼文明,希腊由"青铜时代"进入"黑铁时代",是可谓"大过"。《大过》上六爻辞:"过涉灭顶。凶,无咎。"希腊人的归途遭遇了不少毁灭性的海难(如小埃阿斯,*Odyssey* 4.499-511),奥德修斯本人虽九死一生,但其追随者几乎悉数遇难,这些都是"过涉灭顶。凶"的部分。"无咎",则是奥德修斯最后的幸运结局,以及涅斯托尔、墨涅拉俄斯等英雄有惊无险的归途。而整个希腊文明在"黑铁时代"之后,也凭借两次希波战争的胜利进入"黄金时代"。其二,上九移为初六,则成下"艮"上"乾",是为《遯》卦。遯,遁也。希腊人的归途,也近乎遁逃,逃离海难,逃离神明的愤怒与惩戒。《遯》卦九四爻辞:"好遯。君子吉,小人否。"荷马史诗中的英雄,都没有绝对的善恶,都是义与不义的综合体。"好遯",喜欢遁逃或隐遁也。希腊英雄中不以冲锋陷阵为首任的英雄,作为代表的大概一是盟军领袖阿伽门农,一是希腊第一智囊奥德修斯,奥德修斯不是君子,阿伽门农也不是小人,但奥德修斯常以善人面目示人,阿伽门农每给人以负面形象〔比如奥德修斯起初装疯卖傻不愿渡海参战,被帕拉墨得斯(Paramedes)识破后怀恨在心,后来便设计陷害他,结果阿伽门农以叛国罪下令处死帕拉墨得斯,并不准埋葬其尸体〕,特洛伊战后两位希腊英雄的结局,也果然是"'君子'吉,'小人'否"。遯,又为"隐遁",特洛伊之战不仅消耗了希腊与特洛伊,也使奥林波斯诸神心力交瘁,在《奥德赛》中,我们已看到了神明力量的逐渐隐退。

四、《复》卦与《奥德赛》

上述《易经》与《伊利亚特》关涉的部分,以《姤》卦为主,兼及《蒙》卦和其上爻变动而得的《师》《明夷》二卦,《姤》的综卦《夬》,以及《姤》卦上爻变动而得的《大过》《遯》二卦。这些卦实也涉及了《奥德赛》的部分内容。那么,既然《易经》中能有《姤》卦来专门关涉《伊利亚特》,是否也有一卦可主要联结《奥德赛》?《易经》既然广大悉备,答案自然是有。我们先看《伊利亚特》与《奥德赛》的关系。按照以亚里士多德《诗学》为代表的经典观念,两者同出荷马之手(口),朗吉努斯在《论崇高》中认为前者成于荷马壮年,后者则是荷马老年的作品。确实,前者的结构、立意与行文单纯、明净、炽烈,后者则复杂、隐晦、绵长。前者以歌颂战争为中心,不遗余力地挥洒战场上的男子气概,诸神尽显神通;后者以叙述漫游为主线,各种女性角色(女人、女妖、仙女、女神)占据舞台,神明渐趋隐退。前者重"勇力",后者重"谋略";前者专注于神明与英雄,视野主要在神山与战场,后者则旁及鬼怪与奴仆,将目光转向冥府与乡野。在篇章布置上,前者几乎是顺序引发,一气呵成(第十卷"多隆"篇算是稍事停歇),后者则倒叙与穿插并用,尽曲折之能事。总之,两部史诗之间构成了种种耐人寻味的互文关系。但两部史诗又是前后一致的,有着相同的诗体、程式和修辞,同在一个神话传说系列,同以争夺新娘为主题,都讲了一个长达十年的故事,而主要将笔墨(口舌)用于故事的最后几十天,且都由二十四篇构成(这可能有后人的加工,但也说明了后世对二者前后延续一致性的认同)。循着《伊利亚特》与《奥德赛》的这种互补与一致,我们找到了《姤》的错卦《复》卦。如果说《姤》与其综卦《夬》是颠倒对应,《姤》与《复》则是同向互补:《姤》是一阴始生,五阳后退;《复》是一阳来复,五阴后退。《姤》是"巽"下"乾"上,天风下拂,《复》是"震"下"坤"上,动地欲出。综卦如兄弟,同素异构,兄弟虽始终齐心,行路却要分道扬镳;错卦如夫妻,异质同构,夫妻虽有时反目,厮守总归并蒂连理。

《复》卦象辞:"复,亨。出入无疾。朋来无咎。反复其道,七日来复。利有攸往。"复,归返也,这也正是《奥德赛》的主题。"回家"是人类永恒的一个母题,不论是日常的出门工作,还是经年的异乡远游,不论是落叶归根,还是回归故土,人们都怀抱着亨通的希冀。"出入无疾,朋来无咎",便是吉利的祝词。疾是疾病,人在旅途,自然不愿有大小病痛;疾也可解为迅速,然而"欲速则不达",这也是人们旅行经验的总结,不论陆路还是海路,捷径虽然离目的地更近,但也往往更为危险、更容易迷失方向。朋是朋贝、财货,人在旅途,如果显山露水、露财露富,也容易招致灾祸;朋亦解作朋友,在路上遇到的人如果来者不善,就算不是盗匪,也难免会有隐患,而如果能交上朋友,则能互相帮助扶持。奥德修斯在到达艾奥利埃岛时,得风王艾奥洛斯之助,惠赐装满劲风的皮囊。奥德修斯归心急切,亲自掌舵,连续航行九天,日夜兼程,第十天时已看到故乡伊塔卡的土地。但这时他却因过于疲惫陷入了睡梦,而没听奥德修斯交代皮囊里装有何物的同伴猜疑奥德修斯是想独吞财宝,就解开皮囊,结果各种方向的狂风都往外涌,又把船吹回了艾奥利埃岛(详见《奥德赛》第十卷)。这可真是欲速不达、朋伴生隙,过分精明的奥德修斯百密一疏,聪明反被聪明误。"反复其道,七日来复。利有攸往。"有去就有回,这是合乎规律的常情常理;所谓"七日",不短不长,过短则很可能出师不利(《复》卦初九上行到九二,六二退回到初六,则为《师》卦,主行军出征,《象》曰"刚中而应,行险而顺",全卦六爻只有九二一阳爻,居内卦之中,端赖其发挥一己刚正而统御全局,故曰"刚中而应",坎下坤上,坎为险,坤为顺,故曰"行险而顺",总归是战战兢兢、如履薄冰,很容易刚上路就打道回府),过长则易生不测凶险;然人总要进取开拓,不能因可能存在的艰难坎坷而裹足不前、故步自封,所以"利有攸往"。对于"七日"这一明确的卦辞,刘大钧先生概括了诸种注解:"一、阳气终于《剥》,至阳气来《复》,需经七日。二、以五月《姤》卦一阴生,至十一月《复》卦,一阳生,凡经七月,历七次变化。三、以《坎》《震》《离》《兑》四正卦,每卦六爻,每爻主一节气。其余六十卦,共三百六十爻,分主一年三百六十五又四分之一日,因而一卦主六日七分,即:$365\frac{1}{4}$日$\times\frac{1}{60}=6\frac{7}{80}$日。此近七日,即'七日'之源。四、以十月末,纯《坤》用事,《坤》卦将尽,则《复》阳来,隔《坤》一卦六爻为六日,《复》来成《震》,一阳爻生共为七日。以上四说,似第一说为胜。"①且看第一种解释:《剥》为《复》之综卦、覆卦,《剥》坤下艮上,在卦序上《复》紧随《剥》后。《剥》上九阳气消散,转下为

---

① 刘大钧《周易概论》(增补本),成都:巴蜀书社,2008年1月第1版,第332页,脚注①。相类集释,详参黄寿祺、张善文撰《周易译注》,上海:上海古籍出版社,2001年9月新1版,第204、205页。

初六,是为《坤》卦,至此为第一步;《坤》卦初六上行,至上六,凡五步;上六阴气消散,转下为初九,即成《复》卦,至此共七步。设想海平面为平放的一个六爻卦形,如果我们跟随奥德修斯的视角,则从《复》卦初九爻位出发,伊塔卡是要抵达的上六爻位;如果我们跟随奥德修斯妻子佩涅洛佩和特勒马科斯的视角,则从《剥》卦初六爻位眺望,奥德修斯就是最顶爻位的上九。《剥》《复》二卦,正可象征视角相对的同一段旅程。那么《剥》卦与《复》卦叠合的这段旅程,根据《奥德赛》的记述,能否与"七"或"七日来复"叠合呢? 奥德修斯被阿特拉斯(擎天的泰坦神)的女儿卡吕普索羁留在奥古吉埃(Ogygia)岛上七年(*Odyssey* 7.259);奥林波斯诸神七天内两次集会,最终付诸行动,让赫耳墨斯[奥德修斯的母亲安提克勒娅(Anticlea)是赫尔墨斯的孙女]通知卡吕普索放归奥德修斯(以《奥德赛》开篇记作第1天,第1天在第一卷,第7天在第五卷);波塞冬让奥德修斯遭遇海难,漂流至斯克里埃岛,由费埃克斯人送奥德修斯回到伊塔卡,历时7天(第29天至第35天,第五卷至第十三卷);奥德修斯从奥古吉埃岛启程至回到伊塔卡,共28天(4个7天,第8天至第35天,第五卷至第十三卷);特勒马科斯受雅典娜启示出行计4天(第一卷至第三卷),在斯巴达墨涅拉俄斯宫中滞留30天(第5天到第34天,第三卷到第十五卷),从斯巴达踏上返程到回伊塔卡与奥德修斯父子团聚计3天(第35天到第37天,第十五卷),除去中间30天合于《坤》卦(据十二消息卦,以阴阳消息原理,用十二卦配十二个月份,"剥"主九月,"坤"主十月,"复"主十一月),前后共计7天。① 再看第二种解释:《姤》卦是一阴始生,阴爻上行渐次消去上面五阳爻,经《遯》《否》《观》《剥》《坤》五变,再由《坤》卦上六阳变下行为初九,成《复》卦,亦为七步,且亦合乎从《伊利亚特》到《奥德赛》的线性时间顺序。

  初九爻辞:"不远复。无祗悔。元吉。"前面已讲到特洛伊在小亚细亚半岛,今土耳其的西北部,北临达达尼尔海峡。奥德修斯为王的伊塔卡(Ithaca)属伊奥尼亚群岛(Ionian Islands,今希腊第七区)七大岛之一,在希腊西部伊奥尼亚海上,与东面的希腊第十二区西西腊和东南面的第九区伯罗奔尼撒隔海相望。涅斯托尔告诉特勒马科斯,狄奥墨得斯(Diomedes)在启程后第4天回到阿尔戈斯(Argos,位于伯罗奔尼撒半岛东北部,*Odyssey*

---

① 以上引用时间进程详参程志敏《荷马史诗导读》,上海:华东师范大学出版社,2007年1月第1版,第240、241页。

3.180-1)。按照航线,往西绕行整个伯罗奔尼撒半岛之后,再向北航行一段,就可以抵达伊塔卡。从地图上看,即使以当时的航海技术水平,综合考虑洋流、风向等因素,这段海路也不算太远,即便不能"七日来复",也是"不远复"。据刘大钧先生考,"衹""禔""孜"相同,而帛书作"无提悔",疑为"禔"字之借,《广雅》云"孜,多也",所以"无衹悔"即"无多悔",没有大的灾祸、悔恨。① 另《程氏易传》《朱子本义》认为"衹"通"抵","无衹悔"即"不至于悔"。② 此外,尚秉和先生《周易尚氏学》认为"衹"乃"祇"之误,郑玄训祇为病,"无衹悔"即无灾病、悔吝。③ 奥德修斯的返程虽然距离不远,但却历经万苦千辛,九死一生,如果没有百折不挠的决心和毅力,是绝对无法完成的,"无衹悔"放在奥德修斯身上,可谓一种可贵的信念。另言之,奥德修斯返乡全程是海路,而他开罪海神波塞冬,可谓凶险之极,这正合乎"复"卦一阳初始而五阴前陈的阻碍之象,但是他的安然返还得到了宙斯的允许,并有雅典娜的安排与庇佑,所以以终究"元吉"。

六二爻辞:"休复。吉。"初九爻辞可谓对航程的预估和对奥德修斯的评判,正如墨涅拉俄斯所言:"我曾经有机会见识过许多英雄豪杰的／谋略和智慧,有幸探访过许多地方,／却从没有在任何地方见到一个人,／像饱受苦难的奥德修斯那样坚强。"(Odyssey 4.267-70)④奥德修斯本是一个甚至不能跑马、只能牧羊的小岛⑤的领主,在希腊盟军中占据一席之地主要靠谋略而非战力⑥,而他从勇力仅次于阿喀琉斯的大埃阿斯(Ajax or Aias)手中夺得阿喀琉斯的盔甲,又以战略关键性的木马计攻破特洛伊,可谓意气风发,志得意满。他在费埃克斯国王阿尔基诺奥斯宫中自述返乡险途时也自夸:"我就是那个拉艾尔特斯之子奥德修斯,／平生多智谋为世人称道,声名达天宇。"(Odyssey 9.19-20)⑦他在离开特洛伊之后,大概意犹未尽,"离开伊利昂,风把我送到基科涅斯人(Cicones)的／伊斯马罗斯(Ismarus),我攻破城市,屠杀居民。／我们掳获了居民们的许多妻子和财物,／把他们分

---

① 详参刘大钧《周易概论》(增补本),第183、184页。
② (清)李光地等撰,李一忻等点校《周易折中》,北京:九州出版社,2002年9月第1版,第208页。
③ 尚秉和《周易尚氏学》,北京:中华书局,1980年5月第1版,第124页。
④ 《荷马史诗·奥德赛》,第63页。
⑤ 特勒马科斯婉拒墨涅拉俄斯馈赠骏马匹,见 Odyssey 4.601-8。
⑥ 参见《伊利亚特》第二卷对希腊各将领战力的描述。
⑦ 《荷马史诗·奥德赛》,第152页。

配,每个人不缺相等的一份"。(Odyssey 9.39-42)①"休复"的"休",历来一般训为美。初九阳爻居于阳位,六二阴爻居于阴位,可谓上下顺合。如把奥德修斯比作初九,特洛伊城和奥德修斯乘胜侵略的伊斯马罗斯比作六二,就像屠夫宰杀羔羊,十分顺利。另外,也可把奥德修斯及其同伴看成本来战力就不强大、经过十年战争消耗更被削弱的阴爻,猝不及防的特洛伊和因援助特洛伊元气大伤的伊斯马罗斯(Iliad 2.847,基科涅斯人是居住在希腊东北部、色雷斯南海岸的一个色雷斯人部落)则可看作二之阴位,阴爻临于阴位,自然也是没有违碍的。

六三爻辞:"频复。厉,无咎。"频,或训为频繁,或训为"颦眉"之"颦"。可见这一归途是万分周折,愁眉苦脸也在情理之中。六三阴爻处于阳位的爻象,分明是疲弱之客临于难关险境的景象。奥德修斯遭遇的危厄包括:在伊斯马罗斯遭基科涅斯人召来其他色雷斯人复仇,同伴在洛托法戈伊人那食用忘忧花后几乎忘归,若干同伴被独目巨人波吕斐摩斯所食,风王惠赠西风后风囊被同伴解开前功尽弃,遭巨人一族莱斯特律戈涅斯人攻击,同伴被魔女基尔克变为猪,生入冥府,抵挡海妖塞壬歌声的诱惑,两次经过海怪斯库拉和卡律布狄斯,同伴食用太阳神赫利奥斯放养的神牛后遭天谴,被神女卡吕普索羁留七年。奥德修斯多舛的归途可谓"频"而又"颦",同伴伤亡殆尽,可谓"厉",但他本人却得神明庇佑,终得"无咎"。

六四爻辞:"中行独复。"六四正处在《复》卦五阴爻的中间位置,所以谓之"中行",进而或解作"半路",或解作"正道"。根据对位之说,六二与六五、六三与上六都是阴爻和阴爻相应,唯独六四与初九是阴爻与阳爻相应,而且六四、初九都当位,所以可谓"独守正道"。在奥德修斯自述的历险故事中,他自己往往是老实听从神明的安排的,而船队最终几乎全军覆没,每每是因为同伴们违背神意和他的劝诫。从这个意义上,奥德修斯正因为一直独自守住正道,才能最终回到故乡,"中行独复"。此外,奥德修斯从卡吕普索生活的奥古吉埃岛上启程返航,也符合"中行独复"。关于奥古吉埃的具体位置,古今学者聚讼纷纭。传统的观点有认为奥古吉埃就是柏拉图在《对话录》中提到的亚特兰蒂斯的,因为卡吕普索是阿特拉斯的女儿,而"Atlantis"意为"Island of Atlas"。总之,对于这一神话传说中的海外仙山的所在尚无定论,在此不展开讨论。《奥德赛》里提到赫尔墨斯

---

① 《荷马史诗·奥德赛》,第153页。

出发去奥古吉埃:"他来到皮埃里亚,从高空落到海上,……当他来到那座距离遥远的海岛时,……"(*Odyssey* 5.50-55)①皮埃里亚(Pieria)就在奥林波斯神山的北面,东南临塞尔迈湾(Thermaic Gulf),赫尔墨斯由此即可进入爱琴海域。但是奥古吉埃不一定就在爱琴海中,因为荷马此前又提道:"这时他(赫尔墨斯)立即把精美的绳鞋系到脚上,/那是一双奇妙的金鞋,能使他随着/徐徐的风流越过大海和无边的陆地。"(*Odyssey* 5.44-46)②可见赫尔墨斯的飞行路线也不是随心所欲,而是要顺风而行,所以他首先往东来到爱琴海域,并不意味着他就此打住,他很可能根据变换的风向折向西方,来到更广阔的地中海,或者继而往北去到奥德修斯故乡伊塔卡西面的伊奥尼亚海域,或者干脆走得更远,穿过直布罗陀海峡进入浩瀚的大西洋。此外,奥德修斯从未提及与奥古吉埃方位有关的任何线索,只说它距离遥远,倒是雅典娜曾向宙斯提到只言片语:"(奥德修斯)身陷四面环水的小岛,大海的中央。"(*Odyssey* 1.50)③《复》卦五阴爻相依,居于六四之位,上、下各有二阴爻,清一色的阴爻重重包围,颇类于奥德修斯当时只身从小岛奥古吉埃起航、四望渺茫、不见涯涘的情状,所以也合于"中行独复"。

六五爻辞:"敦复。无悔。"或将"敦"解为"敦促",即"因敦促而复返";或解"敦"为"敦厚",即"凭敦厚而复返"。奥德修斯漫游十年,最后因为神明达成一致且雅典娜居中照拂,在几十天内陡然得以复返,可谓颇得神祇"敦促"之力。此外,奥德修斯抵达伊塔卡后,为驱赶众求婚人计,雅典娜又亲自到墨涅拉俄斯宫中敦促特勒马科斯回家。④《复》卦外卦为"坤",《坤》卦"厚德载物",六五居其中,可谓深得"厚"之"德"。由此,是爻一可象征奥德修斯终于踏上厚实之故土,二可象征奥德修斯积德深厚,既得雅典娜等神明恩宠,而且离乡十年而民心未失,仍有牧猪奴、牧牛奴、老奶妈等忠仆襄助,最后被奥德修斯杀死的求婚人的亲属前来复仇,连奥德修斯的老父亲拉艾尔特斯也忽复当年之勇,帮助奥德修斯以武力与他们订立了盟誓。

上六爻辞:"迷复。凶。有灾眚。用行师,终有大败,以其国君。凶。

---

① 《荷马史诗·奥德赛》,第87页。
② 《荷马史诗·奥德赛》,第86页。
③ 《荷马史诗·奥德赛》,第3页。
④ 见《奥德赛》第十五卷。

至于十年不克征。"如果说初九爻辞是对奥德修斯漫游归程的预判,上六爻辞就是对奥德修斯返乡复仇之事的总结。"迷复"意指奥德修斯历经万般曲折后的回归,他给伊塔卡带来的将是"凶,有灾眚"、血腥的复仇与屠戮。"用行师,终有大败,以其国君",意为行军打仗将大败,甚至危及一国之君。这显然与奥德修斯的情形不符,他在家中厅堂屠杀众求婚人时,麾下只有特勒马科斯、牧猪奴、牧羊奴,都不能组成希腊步兵方阵的一排。反观求婚人一方,根据《奥德赛》第二十二卷记载,光提到名字的就有十余人,可谓人多势众。但是雅典娜暗中帮助奥德修斯一方,求婚人则溃不成军,"雅典娜却使他们的长枪全都白投"(*Odyssey* 22.256)①,而他们中为首的安提诺奥斯和欧律马科斯更是一开始便被奥德修斯用箭射死。第二十二卷是《奥德赛》中不多的战斗场面中的主要部分,但是,如果说《伊利亚特》中众多的战场厮杀因为交战双方视死如归的勇气和荣誉感而变得不那么血腥的话,那么奥德修斯与众求婚人的战斗因为神明的偏袒而从以寡敌众变成强者对多数弱者的屠杀,残暴与冷酷完全压过了复仇的正义。荷马对血洗后的场景有如下描绘:"他(奥德修斯)看见所有的求婚人都已纵横陈尸,/倒在血泊和尘埃里,有如一群鱼儿,/渔人们用多孔的鱼网把它们从灰色的大海/捞到宽阔的海滩上,它们热切渴望/大海翻腾的波涛,却全被撒在沙岸上,/赫利奥斯的光芒夺走了它们的生命;/求婚的人们也这样互相倒在一起。"(*Odyssey* 22.383-9)②这触目惊心的一幕是何等惨酷!奥德修斯首先射杀安提诺奥斯并亮明身份之后,欧律马科斯首先将罪责全推给安提诺奥斯,指出他(其实也包括自己和其他求婚人)向佩涅洛佩求婚的目的是为了成为伊塔卡国王,然后提出用财物赔偿奥德修斯(*Odyssey* 22.44-59)。但是"足智多谋的奥德修斯"(*Odyssey* 22.60)断然拒绝,将求婚者赶尽杀绝。可以想见,以奥德修斯之狡诈多谋,他的复仇之彻底,绝不止于报复求婚者们趁其不在国内追求其妻这一理由。欧律马科斯等人通过求婚进一步占夺王位之心昭然若揭,奥德修斯不可能不明白这一点,他去国十年,威信难免削弱,而敌对势力日渐增长,因此他的屠杀一是为了重新确立威权,以惩效尤,二是将现有的敌对势力一网打尽、永绝后患,由此他的复仇也远远超过了正义的限度,毫无仁慈可言。杀死求婚人之后,奥

---

① 《荷马史诗·奥德赛》,第413页。
② 《荷马史诗·奥德赛》,第417、418页。

德修斯又清理门户，将与求婚人私通的女奴们吊死，残忍地割去协助求婚人的牧羊奴的耳鼻、私处喂狗，又割去他的双手双腿（Odyssey 22.465-77）。奥德修斯的手段，不可谓不心狠手辣。从而，具体来看，"终有大败"的是众求婚人和他们的随从者，给他们带来这一厄运的是伊塔卡的"国君"。最后的"十年不克征"，象征奥德修斯与前来寻仇的求婚者亲属又经过一战达成和平盟约，伊塔卡经过奥德修斯返乡后的一番血洗，自此进入了消弭内乱、休养生息的阶段。

前边已经简单谈到，自下而上一阳五阴的《复》卦可象征奥德修斯的回归，而从上到下一阳五阴的《剥》卦则可象征佩涅洛佩和特勒马科斯的盼归。《剥》《复》互为综卦，可谓从相反方向看待同一事物，以下便简略分析这一情况是否适用于《奥德赛》史诗中的叙述。《剥》卦彖辞："不利有攸往。"从卦象上看，此卦未动之时，五阴爻连绵，直到上九，才是阳爻，正如佩涅洛佩和特勒马科斯远眺大洋，心知奥德修斯在大洋某处，可望而不可即；若阴气上行，则此长彼消，阳气剥削，上九化为上六，《剥》卦变为纯阴的《坤》卦，一如特勒马科斯若出海寻父，则波涛浩渺，四顾茫然，不知从何寻起。

《剥》卦初六爻辞："剥床以足。蔑贞凶。"我们知道，婚床在《奥德赛》中是一个重要象征，是奥德修斯杀死求婚者后佩涅洛佩与之相认的最后考验，通过说明婚床隐藏的秘密（奥德修斯以一棵橄榄树的树干作为床柱制成婚床，并以婚床为中心建筑卧室，Odyssey 23.183-204），奥德修斯最终与佩涅洛佩夫妻相认，而婚床不可移动的核心秘密，似乎也象征着奥德修斯作为一家之主和伊塔卡之王的独一不二、不可动摇的威权。"剥床以足"，似可象征众求婚人长年追求佩涅洛佩，在奥德修斯家中吃喝玩乐，损耗奥德修斯的财产和威权之根基。"蔑贞凶"，或断为"蔑，贞凶"，贞作占卜解；或断为"蔑贞，凶"，贞作守正解。蔑则多训为灭，总之是蛀蚀而不利正道、带来凶险的意思。求婚人"剥床以足"的行为，使奥德修斯家中危机四伏，也为他们自身埋下祸根。六二爻辞："剥床以辨。蔑贞凶。"辨为分割上下的床板或床干，剥蚀的行径，更上一层。求婚人在奥德修斯家中与女奴私通，收买牧羊奴，又阴谋在特勒马科斯外出探访父亲消息的归途上伏击谋害，可谓得寸进尺，于人于己是都颇为凶险的。六三爻辞："剥之。无咎。"前边二爻"剥床以足""剥床以辨"，形式似已岌岌可危，而且六三居五阴爻之中，三为阳位，六三又非当位，是危局中最易动摇之时境，但是六三是五阴爻中唯一与上九阴阳相应的阴爻，所以来者可期，"无咎"。联系佩涅洛佩和特勒马科斯母子的处境,他们无法驱赶人多势众的求婚人,任他们挥霍家产,但还不至于被求婚人逼婚得逞。剥之,又可对应以下故事:佩涅洛佩为应付咄咄逼人的求婚者,以为公公拉埃尔特斯织寿衣为托词,白天织布,晚上拆毁(剥之),如是三年;直到第四年,一个女仆向求婚人告发(剥之),佩涅洛佩不得不把寿衣织完(*Odyssey* 2.85-128)。然而佩涅洛佩的拖延并没有白费心血,因为奥林波斯诸神已达成决议,雅典娜来到伊塔卡,为特勒马科斯安排了打探父亲消息的行程,所以"剥之。无咎"。回顾前边对《复》卦内卦爻辞的分析,都与奥德修斯从卡吕普索那开始归返之前的经历对应,而对《剥》卦内卦的分析,也可视作和特勒马科斯出发探父亲消息前的伊塔卡局势相应。

六四爻辞:"剥床以肤。凶。"或径将肤训为肌肤,或引申为沿床足、床干而上的床席、床面,对床的剥蚀至此,可谓至为凶险。联系《奥德赛》情节进展,特勒马科斯离开伊塔卡后,佩涅洛佩孤立无援,而且求婚人密谋在特勒马科斯返回伊塔卡途中发动致命的伏击,对佩涅洛佩和特勒马科斯而言,这是到了关涉切身安危的关头,可谓"凶";对求婚者们而言,他们的咄咄相逼到了最后的地步,殊不知奥德修斯正在返途当中,所以他们面临的也将是"凶"之命运。回顾六四爻辞"中行独复",正可对应奥德修斯从卡吕普索处返航,《剥》《复》二卦爻辞对应于《奥德赛》进程,至此亦是环环相扣。六五爻辞:"贯鱼,以宫人宠。无不利。"六五与上九相邻,与其下四阴爻相比,正如蒙宠的宫人,而且正与下边四爻形成五阴鱼贯且为首之势,所以"无不利"。对照《奥德赛》中奥德修斯宫中女仆的情形,她们身为宫人与求婚人私通者不在少数,可谓得一时欢宠,然日久见人心、患难见真情,奥德修斯由此得以区分忠仆、恶仆,也算是没有不利。而且奥德修斯、特勒马科斯父子的奶妈欧律克勒娅一直忠心耿耿,佐助佩涅洛佩、奥德修斯良多,而她在众女仆中也是资历最老的,可以比作六五。《剥》卦六五与《复》卦六五"敦复"相应,都是奥德修斯展开最后复仇的铺垫。上九爻辞:"硕果不食。君子得舆,小人剥庐。"这一爻辞可对应《奥德赛》中众人的结局。《剥》卦历经五阴爻后,终于到了上九这一唯一的阳爻,因此可谓"硕果"。对众求婚人来说,他们霸占奥德修斯王宫多年,最后却命丧黄泉,实乃"硕果不食";奥德修斯复仇之后,却依然要再经一次漫游,因此对离家二十年的他和苦等他二十年的佩涅洛佩和特勒马科斯而言,也是"硕果不食"。"君子得舆",奥德修斯的复仇蒙获神恩,杀敌神勇,如乘战车,所向披靡,而他第二次的漫游还有漫长的陆路(下面将引述),所以也得凭借车马。"小人剥庐",则是众求婚人以死亡从伊塔卡王宫中被驱逐的悲惨命运。

当奥德修斯听从基尔克的指点,进入冥府听取忒拜的盲预言者特瑞西阿斯的预言时,特瑞西阿斯告诉他:"当你把那些求婚人杀死在你的家里,/或是用计谋,或是公开地用锋利的铜器,/这时你要出游,背一把合用的船桨,/直到你找到这样的部族,那里的人们/从未见过大海,不知道食用掺盐的食物,/也从未见过涂抹了枣红颜色的船只/和合用的船桨,那是船只飞行的翅膀。/我可以告诉你明显的征象,你不会错过。/当有一位行路人与你相遇于道途,/称你健壮的肩头的船桨是扬谷的大铲,/那时你要把合用的船桨插进地里,/向大神波塞冬敬献各种美好的祭品,/一头公羊、一头公牛和一头公猪,/然后返回家,奉献丰盛的百牲祭礼,/给执掌广阔天宇的全体不死的众神明,/一个个按照次序。死亡将会从海上/平静地降临于你,让你在安宁之中/享受高龄,了却残年,你的人民/也会享福祉,我说的这一切定会实现。"(*Odyssey* 11.119-137)①由此可以推见,奥德修斯的最后一次漫游要去寻找从未见过大海、不知道食盐、不使用船只的民族,必然需要深入大陆腹地,可能是欧亚大陆或非洲大陆的某片高原、山地或沙漠区域;当然,穿过让西班牙和摩洛哥北南相望的直布罗陀海峡,进入浩瀚的大西洋,也可抵达南北美洲大陆,但是以奥德修斯当时的航海条件,恐怕几无可能。在《神曲》第二十六篇,但丁就让置身地狱第八圈第八沟的奥德修斯自述了这次抵达直布罗陀海峡(赫拉克勒斯在此放置了关照人类勿再前行的界石)后继续航行、最后在风浪中覆亡的历险。如将奥德修斯在《奥德修斯》中的遭遇对应于《复》卦,那么奥德修斯最后通过血腥复仇巩固王权、与妻儿老父团聚,一如《复》卦上六变为上九(可看作所作所为符合神意人伦的奥德修斯本人),那么《复》卦随之变为象征颐养、安稳的"震"下"艮"上的《颐》卦,然盈不可久,上九下行到初九,象征奥德修斯命定的再次漫游,则《颐》卦再变为"兑"下"坤"上的《临》卦。兑为泽,可引申为海边的滩涂,坤为地,可引申为广袤的大陆。《象传》以及后来注家,尤其是儒者,以地高于泽的卦象,将《临》阐发为君临于民、君主教治民众的象征。程颐的注解则较为通达:"为卦泽上有地,泽上之地,岸也,与水相际,临近乎水,故为临。天下之物,密近相临者,莫若地与水,故地上有水则

---

① 《荷马史诗·奥德赛》,第198、199页。

为比,泽上有地则为临也。临者,临民临事,凡所临皆是。"①程颐的阐释,较为切近奥德修斯航海然后登陆的历程,奥德修斯寻访不知有海、无论航行的民族,既是作为传授者、带着航海民族的文明与智慧临于另一完全不同的民族,又是作为接收方、怀着对未知文明的探索欲而临近的。正如但丁借奥德修斯之口所宣称的:"你们应当追随太阳,再寻绝无人迹之地!想想你们是何等的种族:不应当像走兽一般地活着,应该求正道,求知识。"

五、《未济》卦与《埃涅阿斯纪》

在情节上《埃涅阿斯纪》承《伊利亚特》而来,而笔者在此择取与《埃涅阿斯纪》相联结的《未济》卦,在卦象上显然与前面附于《伊利亚特》的《姤》卦没有太明显的联系:《姤》卦"巽"下"乾"上,《未济》卦"坎"下"离"上,二者之间的变爻转化颇为周折。如前所释,与《奥德赛》相连的《复》卦与《姤》卦为一对错卦,正相匹配,而与《未济》卦的牵连则更远。然而就如师法荷马的维吉尔将《伊利亚特》和《奥德赛》弥合转化为完整的一部史诗《埃涅阿斯纪》,我们同样可以师法维吉尔,在结构法度上将《复》卦与《姤》卦转化为另一个貌离神合的卦:《埃涅阿斯纪》上半部效仿《奥德赛》,《复》卦一阳来复,阳为阴主,最能体现此用心的为八卦中的"坎",其象为居中阳爻主上下二阴爻;《埃涅阿斯纪》下半部效仿《伊利亚特》,《姤》卦一阴始生,阴为阳主,最能体现此用心的为八卦中的"离",其象为居中阴爻主上下二阳爻;按顺序坎下离上,是为《未济》。复从卦象上看其与《埃涅阿斯纪》的联系:坎为水,离为火,希腊人渡海而来,带给特洛伊毁灭的战火;埃涅阿斯渡海流亡,给迦太基女王狄多带去殉情自焚的命运;埃涅阿斯远航至意大利,又再度点燃重建新邦的战火。而《未济》卦与《埃涅阿斯纪》的切近关联,仍要以其卦爻辞进行细致分析。

《未济》彖辞:"未济,亨。小狐汔济,濡其尾。无攸利。"《未济》卦上"离"下"坎",火势炎上,水性趋下,内外卦呈不相交之状;且初六与九四、九二与六五、六三与上九虽然互为呼应,但是各不当位,也表现出虽同舟共济但漂泊不定之情。所以是卦名为《未济》,合乎卦象;六爻虽不当位,但

---

① (清)李光地等撰,李一忻等点校《周易折中》,北京:九州出版社,2002年9月第1版,第174页。

能互相协力,故"亨"。"汔"通"几","小狐汔济,濡其尾",就是小狐狸将要渡过河之际,沾湿了尾巴。狐狸尾巴长大,有平衡身体的功能,所以大概狐狸渡河之时都爱惜尾巴,避免其被河水浸湿,成为陆上行动时的累赘。但是俗谚"常在河边走,哪有不湿鞋",更何况过河呢?北魏郦道元《水经注·河水一》引晋朝郭缘生《述征记》:"盟津、河津恒浊,方江为狭,比淮济为阔,寒则冰厚数丈。冰始合,车马不敢过,要须狐行,云此物善听,冰下无水乃过,人见狐行方渡。"又北齐《颜氏家训·书证》:"狐之为兽,又多猜疑,故听河冰无流水声,然后敢渡。"《汉书·文帝记》:"朕心狐疑。"颜之推孙颜师古注:"狐之为兽,其性多疑,每渡冰河,且听且渡,故言疑者而称狐疑。"可知狐狸在冬日过冰河时,善择坚冰深厚不闻水声之径,踏碎薄冰以致狐尾沾水的,大概只有那些经验不足的幼狐。可以推测,卦辞作者对狐狸渡河时的习性颇为熟悉。古时交通不便,跋山涉水,常有险情,所以会"人见狐行方渡",向熟悉地形的野生动物学习。《易经》传承到《周易》所在时代,中华文明还主要发达于西北、中原、华北地区,山高水险,多大江大河,不像吴越地区,河网密布,人民熟知水性,且善舟楫之利。所以渡河作为一件慎重之事,多次出现在《易经》当中:《需》《同人》《蛊》《大畜》《益》《涣》《中孚》卦象辞中出现"利涉大川",《讼》卦象辞中出现"不利涉大川",《泰》卦九二爻辞有"包荒,用冯河,不遐遗",《谦》卦初六爻辞有"用涉大川",《颐》卦六五、上九爻辞有"不可涉大川""利涉大川",《易经》最后两卦为《既济》《未济》。回到本文论题,埃涅阿斯的父亲安基塞斯和特洛伊王普里阿摩斯为堂兄弟,埃涅阿斯的出逃,可谓保存了特洛伊所代表的当时小亚细亚地区文明的星星之火。身为特洛伊少壮派将领的埃涅阿斯,正像一只肩负重任、惴惴渡河的小狐,而他远离故土,流亡辗转于地中海区域,寻找建立新特洛伊的土地,不历周折、不经凶险是不可能的,"濡其尾"在所难免。"无攸利",也征兆了他在旅途与征程上历经坎坷,锤炼了其坚忍精神与忧患意识。

初六爻辞:"濡其尾。吝。"埃涅阿斯逃离特洛伊后,在海上漂流了七年,历经瘟疫、恶浪、鸟身人面女妖、卡里波斯大旋涡、独眼巨人等各种凶险,十分狼狈,切合"濡其尾。吝"的际遇。埃涅阿斯的厄运源自天后朱诺(即赫拉)对他的敌视。第一爻居于阳位,埃涅阿斯如能掌控自己的命运,以阳爻行于阳位,则能"无咎",可是朱诺作为最为强力的阴爻,却无情地播弄着他的命运。

九二爻辞:"曳其轮。贞吉。"这一爻为阳爻行于阴位,可以象征埃涅阿斯登上女王狄多统治的迦太基。由于埃涅阿斯的母亲维纳斯(阿芙洛狄忒)希望儿子停留在温柔乡中,所以让狄多爱上了埃涅阿斯。"曳其轮",可见是拉着车马登上了岸,而岸上的并非敌人反倒是情人,所以也合乎"贞吉"。《未济》的内卦"坎",爻象为一阳爻居于二阴爻之间,可以象征埃涅阿斯的命途一面有朱诺的阻扰,一面有维纳斯和狄多的襄助。体现在九二爻辞上,也是"贞吉"。

六三爻辞:"未济,征凶。利涉大川。"朱庇特(宙斯)提醒埃涅阿斯毋忘重建特洛伊的使命之后,埃涅阿斯抛下狄多重新踏上征程。狄多为此自杀殉情。朱诺再度横加阻扰,在西西里岛,她怂恿妇女烧毁船只,于是一批人留了下来。这是"未济,征凶"的部分。但是神意和埃涅阿斯的决心与毅力还是使他得以完成使命,所以"利涉大川",埃涅阿斯最终抵达了意大利。

九四爻辞:"贞吉。悔亡。震用伐鬼方,三年,有赏于大国。"埃涅阿斯在女先知西比尔的带领下来到冥府,他的父亲向他预示了罗马未来的命运,恺撒、奥古斯都等罗马著名的君主都逐一现身,这就更加坚定了他缔造新国家的决心,也即"贞吉。悔亡。""震用伐鬼方,三年,有赏于大国。"原系史实,指商朝高宗武丁统治时北方崛起一强悍部落鬼方,殷周联军用三年将其击败,周人因此受到宗主国殷商的嘉赏。在《埃涅阿斯纪》中,埃涅阿斯与鲁图利亚王图尔努斯争夺拉丁姆国王的女儿而发生战争,经过三年,埃涅阿斯杀死图尔努斯取得胜利,赢取拉丁姆公主拉维尼亚,并以其名建起一座新城拉维尼。这一战事及其结果除了敌军并非鬼方外,基本合于"震用伐鬼方,三年,有赏于大国"这一爻辞。九四为阳爻行于阴位,亦可象征埃涅阿斯在异乡征伐的行动。

六五爻辞:"贞吉。无悔。君子之光。有孚。吉。"埃涅阿斯完成其光荣使命后,被罗马人尊奉为神。外卦"离"的爻象,为一阴爻居于二阳爻之间,可以象征埃涅阿斯隐忍的品质和智勇兼备的才略,他以"君子"谦和的面貌,取得了周围强力的援助。埃涅阿斯身边的伙伴,都是特洛伊留存的精英,被称为 Aeneads,途经西西里岛时,甚至有奥德修斯船队中的一员阿凯梅尼德斯(Achaemenides)加入。另外,埃涅阿斯一直把家族守护神拉尔(Lares)和家神潘那特斯(Penates)的塑像带到了意大利,这就很像中国的门神神荼、郁垒或寺庙中的哼哈二将,也构成一阴得二阳庇佑之象。

上九爻辞:"有孚于饮酒。无咎;濡其首,有孚,失是。"埃涅阿斯只是为罗马帝国打下了初步的基业,但是罗马的昌大还需要后来的罗马人的进一步巩固和开拓。上九为阳爻行于阴位,可象征罗马以强力在本不属于他们的土地开疆拓土的建国历史。酒神狂欢的精神,一直深种在希腊罗马文化当中。"有孚于饮酒。无咎",这是适度的欢娱;"濡其首,有孚,失是",则是过度的纵欲。罗马最后的覆亡,恐怕也与其以城邦制与奴隶制为核心的政体无法继续维持罗马公民的过度消耗有莫大关系。

《未济》颠倒其状,换为"离"下"坎"上,得到的综卦是《既济》卦;每一爻阴阳变易,仍是"离"下"坎"上,得到的错卦还是《既济》卦。《既济》《未济》,就是这样一对互为补充的卦,成功之中,总有美中不足,成功之后,仍有继续前进的余地;未成功之时,每一番努力却都是成功的积淀、成功的一小部分,而未成功而不放弃用功的动力,则来自成功就在前方的信念。《既济》的卦爻辞,也与《未济》相互呼应,亦可用来对《埃涅阿斯纪》进行阐发,在此不复赘述。也因为《既济》《未济》互为错综的成系统互洽性,可以不再援引其他变卦进行补充说明。例如《未济》上九下行为初六,可由《未济》变到《蹇》卦,其卦爻辞仍可与《埃涅阿斯纪》相勾连。在此亦不复赘述。

六、曲径通幽:《易经》阐释古希腊罗马史诗之合理性浅析

以上用《易经》诸卦对荷马史诗、《埃涅阿斯纪》文本的阐发,目为荒诞不经、斥为牵强附会可也,因为两厢几无任何事实联系。《易经》之最难征信之处,在于卜卦、"算命"之用,凭只言片语之汇总,道尽将来一切、将不相干之事物牵扯一处。持此论者抓住这一点,以为《易经》全是迷信。其实由《易经》而生的许多流弊,只是江湖术士的行径,并非作《易》者本意。凭《论语》求官谋利的道学先生,古来不在少数,《论语》不因此减却其高尚之光辉。《易经》的逻辑,实在只是老老实实、规规矩矩的归纳与推演。《易经》从传说中的帝王伏羲草创,发展到汉代成型的《周易》,卦爻辞都只是寥寥数言,实则经过数十代人的积淀,从千万条记录中删汰掉那些重复、累赘、失实、无理的信息而提炼出来的。《易经》的卦爻辞,涉及饮食、男女、婚嫁、行旅、征战、商贸、农牧、狩猎、建筑等社会生活的方方面面,且有对天文、地理、动植物的种种观察和记录,以天地山川、日月星辰、雷风雨

雪、男女雌雄等客观存在的共同共通的自然属性，归纳为以阴阳为符号的两种力量、以天地雷风水火山泽为代表的八种基本元素，这是先民基于空间立场，通过仰观俯察，力图掌握繁复世界原理的经验和智慧总结，囿于当时探索实践的手段和水平，并无可厚非，而且时至今日仍无可否定；以天体的运驰规律，以人类及各种动植物的生息法则，以人心人性、人情人理处世接物的社会规约，为下步行动做谋划、对未来发展行预测，这是先民本于时间历程，通过客观分析现状常理，规避风险、减少损耗、辨明行动方向、争取更好结果，我们今日小到家事、大到国事，从自然科学到人文社科领域，不是仍然如此施行的吗？只不过我们今天行动之前进行信息收集的数量更大、渠道更多、速度更快而已。所以《易经》将看似毫无联系的事物进行整理归类，看中的不是物质属性上的区别联系，而是内部构成、变化机理的异同，是对物质存在和非物质存在的统一，如果只是简单将其看成类比的原始思维，则还没有跳出机械唯物质决定论的窠臼；《易经》对外物、他者的行动预测，对自身未来处境的预判，则是结合过去与现在自身、外物、他者的发展变化事实，对他们在未来的情况进行合理有据的推测和判断，这不唯是符合西方特别看重的逻辑性和因果律的，而且往往破除一事一物、一时一地的自我限制，全盘地联系地辩证地考量问题。因此，我常把《易经》比作单反相机的机身，不同的人拿《易经》来做参谋，则如不同的镜头有着不同的成像，或远或近，或广或窄，或清晰或模糊，"运用之妙，存乎一心"：《易经》是依据本来如此的人生、自然、宇宙，设计用来照摄万古长存而时时在变的人生、自然、宇宙的，《易经》给出的是必然性和可能性，而具体的人面对具体的人、事、物，要获得准确度和具体化，则需要发挥主观能动的个人才能。

关于《易经》，还有"大易不占""善易者不占"的说法，因为先民已将丰富的自然机理和社会哲理融入《易经》的象数体系当中，而从象数体系出发，复可以阐发出丰富的自然机理和社会哲理。此时的自然、社会之理，未必是数千年前的自然、社会之理，因为无论人类社会还是宇宙万物都是在不断发展变化的，但是变化当中有不变的规律，也正因为循着不变的规律，一切才得以变化无穷；设想如果没有不变的规律与法则，整个宇宙只是盲目地膨胀或者坍缩，那么我们所在的时空恐怕不会有如许安宁，而是随时可能毁灭或者停滞；或者宇宙局部的不规律性完全可以被整个宇宙的规律性吸收消化，由此，局部的、一时的毁灭和停滞是为了新的重生和继续变化。《易经》中蕴含的阴阳二力法则,以及无极、太极、四象、八卦、六十四卦,迄今为止可以涵括人类智慧所能达到的高度和广度;西汉扬雄的《太玄》,以天地人三方推衍为八十一家,北宋司马光的《潜虚》,以五行为基础推演出虚→气→体→性→名→行→命的宇宙与人生图景,可以作为《易经》的辅助和补充。《易经》卦爻辞记述的许多社会文化的层面,距离我们已经非常遥远,假设将来人类文明取得更长远的进步,那么可以设想《易经》的文字文本多数只剩下历史档案的作用。但是《易经》的象数系统不可废去,六十四卦或许届时远远不能满足阐释美丽新世界的需要,那么我们可以继续由六爻的六十四卦发展出八爻的二百五十六卦、九爻的五百一十二卦,重新组织编写新的卦爻辞,因为由四象到八卦再到六十四卦的《易经》体系,也是随着人类文明的历程而得以发展的。概言之,在形上的宇宙终极思虑一面,《易经》为代表的中华文化以人智无以逮之彼处为虚,以人智无以逮之起点为无,从虚无生混沌,人智亦无以逮,进而标出太极,犹不足察之,又分为阴阳,继又有四象至于无穷,逐渐引到人类文明与自然万物的具体形下一面。大凡人类格物致知,开拓物质与精神两方面的境界,凝练成经验智慧之结晶,最为简捷可靠的,无非付诸有形而可传承不朽之文字与符号。为人周知的易之三名易简、变易、不易,实指《易经》的象数系统,卦爻辞及易传、易传之传,常新常易,而唯作为骨骼的易象不易,方可随时而生新鲜之血肉,唯其变易,方可顺遇而赋流动之形体,又唯其易简,方可依人而施运用之心意。太极阴阳八卦之说中蕴涵的言、象、实(意)三层,皆是由真象浓缩提炼而来的法相。周易两仪,太玄三方,潜虚五行,都是得鱼之筌,开启传统智慧宝藏的密钥和点铁成金的魔法石。

回到《易经》象数体系,比如当位、对位之说,虽然被汉儒掺杂进了不少谶纬灾异和政治哲学的过度功利阐释,但也包含了设身处地、因地制宜和联系、发展的思维和哲理。《泰》卦天在下地在上,天升地降,天地迎合,所以有利;《否》卦天在上地在下,天地相违,反而不利。然而物极必反,否极泰来,《否》《泰》卦形颠倒,或者各爻阴阳一变,便祸福相换。而且《泰》中有《否》之爻,《否》中有《泰》之爻,这又是居安思危、困顿而不消沉的精神意志。与卦象、爻象相联系的卦爻辞,如"潜龙勿用",讲事物开首阶段的储备积累,"亢龙有悔",讲事物发展到极盛时的潜在风险,"龙战于野",讲事物量变积累到一定程度的质变,都富含哲理。单单是那些卦名,也有丰富的寓意:《蒙》为启蒙,《比》《同人》《家人》为人际关系,《谦》《无妄》

《节》为个人修养,《临》《观》为行动准则,治物有《小畜》《大畜》,行事有《小过》《大过》《既济》《未济》。以升为《易经》一部分的"十翼"为代表的易学义理一派,对此有别开一片广大领域的道德伦理阐发。但是如果过于强调义理,则会背上过度沉重的道德哲学税负,使《易经》最为核心基本的象数体系变得无足重轻,不唯会遮蔽掉《易经》折射的社会人文的其他领域,更会使《易经》留给形上数学、哲学以及自然科学的宝贵遗产的价值大大贬损。

王弼《周易指略·明象》中的一段话常为人所称引：

> 夫象者,出意者以明象者也,尽意莫若象,尽象莫若言,言生于象,故可寻言以观象,象生于意,故可寻象以观意,意以尽象,象以言著,故言者所以明象。得象而忘言,象者所以存意,得意而忘象,犹蹄者所以在兔,得兔而忘蹄；筌者所以在鱼,得鱼而忘筌也,然则言者象之蹄也,象者,意之筌也,存象者,非得意者也,象生于意,而存象焉,则所契者乃非其言也,然则忘象者乃得意者也,忘言者乃得象者也。得意在忘象,得象在忘言。故立象以尽意而象可忘也,重画以尽情,而画可忘也。

这段话从表面读来,仿佛是讲言、象、意三者中,前二者都无足重轻,可以用完就扔,唯有意才是最重要的。但王弼仅仅是就过程中的目的而论的。王弼标出"明象"这一题目,可见象不可不明。意象者,意寓于象、意缘于象也,目的旨归固然重要,起点、过程同样重要,不然天大的意也只是空中楼阁。忘言、忘象,仅是就一时而言的,时机境遇一换,得意的工作还得重新从言、象处拾起。

蒋伯潜先生在《十三经概论》中,将《易经》的卦象体统析为三层：现象→意象→法象。如《履》卦上乾为天,下兑为泽,是为现象,由此得上下各安其位之意象,进得辨上下、定民志之法象；《大畜》卦上艮为山,下乾为天,是为在群山环绕中观天之现象,由此得坐井观天、识见浅陋之意象,反推得多识前言往行、以畜其德之法象；《谦》卦上坤为地,下艮为山,地中有山,为现实中未见之现象,由此得卑下至极之意象,进得恶盈好谦之法象。[①] 可见《易

[①] 详见蒋伯潜著,蒋绍愚导读《十三经概论》,上海：上海古籍出版社,2010年8月第1版,第62页。

经》卦象的符号象征系统,一方面可以还原真实之宇宙世界,一方面可以勾起置身此真实具体世界的人类的思考,并进而将主观思维与客观存在相结合,指导人在大千世界中的行动。钱锺书先生援引《周易正义》中的分法,以地上有水(《比》)、地中生木(《升》)等为实象,即蒋伯潜先生所谓现象;以天在山中(《大畜》)、风自火出(《家人》)为假象,即蒋先生所谓必无之现象。钱先生认为,"《易》之有象,取譬明理也",为求喻道明理,可以不拘泥某象而变化之;道喻理明,亦可不粘着此象而舍弃之。因此,《易经》的象征系统是活泼变化的,为求事清理明,可以在丰富的自然、社会之现象中灵活择取来作为譬喻、说明;现实中未有之现象,是我所未见,或是超出我的见识经验,此地无未必别处无,此时无未必他日无,并不妨碍据此施喻取譬。如地中有山,今日考古已探明有地下的巨大溶洞,而儒勒·凡尔纳的科幻小说《地心游记》,随人类科技之进步而梦想不远;风自火出,科学研究已表明太阳大气最外层的日冕有超声速等离子体带电粒子流的太阳风活动,强烈时会爆发为太阳风暴,此外我们经常耳闻的太阳黑子就是太阳光球层上的旋涡状的气流,这些都是由太阳高温核反应和对流而产生的自然现象。

论述至此,《易经》与古希腊罗马史诗的"巧合"其实已不证自明。它们之间的联系,不是浅层常规思维的史实与史实之间的史实联系,而是人类不同文明之间共通的人类社会共同的演进规律和人类个体类似的情感、理性与行为。《易经》是对已发生存在之现实与现实之未来可能的高度概括,古希腊罗马史诗是对已发生存在之现实与现实之未来可能的宏大展开①,因此,二者之间实在存在着广大的互洽阐释空间。当然,由于学力所限,本文对二者所展现的东西方内在文化精神上的勾连尚存在巨大的论述欠缺。王国维的《红楼梦评论》,是以"以外来之观念与固有之材料互相参证",而《易经》之于古希腊罗马史诗,以本文之所呈示,类似于"以固有之观念与外来之材料互相参证"的皮相层面。李庆本先生在《跨文化阐释与世界文学的重构》一文中谈道:"在我看来,王国维的《红楼梦评论》是跨文化阐释的极好范本……我们今天恰恰要发掘中国近现代以来这样的以西方理论阐释中国文学作品的学术资源,来为我们向西方介绍、传播我们本

---

① 亚里士多德在《诗学》中说过:"诗人的职责不在于描述已发生的事,而在于描写可能发生的事,即按照可然律或必然律可能发生的事。"

民族的文化服务。因为文化传播要成功,首先要让对方理解。那些采用了西方理论解释中国文学作品的学术资源,恰好可以方便西方人的理解,恰好可以为中国文化走出去服务。而将以西方理论阐释过的中国文本传播到西方,这本身也是另外一种形式的跨文化环形之旅,这种从西方到中国再回到西方的跨文化环形之旅跟从中国到西方再回到中国的跨文化环形之旅,表现形式虽有不同,但在促进中外文化平等交流和中国文化对外传播中所起的作用则并无二致,二者都实现了笔者在《跨文化研究的三维模式》中提出的将'西学东渐'与'东学西渐'合为一个整体加以考察的愿望,都可以看成是跨文化研究的三维模式,都是对中西二元论模式的突破。而一旦形成了这样的环形之旅,形成'阐释的循环',跨文化阐释就可持续不断地进行下去,就可打破西方中心主义,就可形成世界文学中东西方文学的新关系、新格局。"① 可以说,《易经》与古希腊罗马史诗的交集,也是另一条跨文化环形之旅的可行线路,是以中国理论阐发西方文学作品、将遥远而陌生的西方古代和久远而隔阂的中华传统一齐拉近到眼前的奇幻航行,不失为跨文化阐释的一种另类方法。美国诗人梅丹理(Denis Mair)在《我研究〈易经〉的方向》中说:"其他的经典都把符号串成语言或神话或议论;只有《周易》能把符号排列成一个母阵,让符号自己说话。"② 如果能跳脱某几种阐释语境的束缚(尤其是《易经》作为儒家经典的道德哲学、政治哲学解释向度),把《易经》作为向各个学科、各个民族全面开放的符号与话语体系,那么,我们将更能体知它的神奇魅力,更可发挥它的巨大力量。这也实在更符合它为一代代的先民取诸自然万物与日常生活、继而施用于真实世界和人生的本真面貌。荷马史诗以及众多文学作品中发生的一切,未必都是现实,但是却比现实更为真实,因为它们体现了人类无数的悲喜剧叠合而成的最为凸显的那些片段;《易经》等抽象赅括的哲学著作,看似干枯无生命力,其实是从万千花木中撷取的种子,埋入合宜的泥土,便会生根发芽,成为鲜活的生命体。《易经》与古希腊罗马史诗的"巧合",其实是文学与哲学的交遇,它们以不同方式涵括了文化的表象现实和深层真实,二者之间,是已诉说过的、正在诉说的、将要诉说的万千人类故事的奇妙交流。

---

① 李庆本《跨文化阐释与世界文学的重构》,载《山东社会科学》2012年第3期。
② http://www.yijingpoetics.net/yjp/fang.pdf。

参考文献

一、著作

1. [汉]杨雄,[宋]司马光集注,刘韶军点校《太玄集注》,北京:中华书局,1998年。
2. [清]阮元校刻《十三经注疏》,北京:中华书局,1980年。
3. [清]赵翼《陔余丛考》,北京:中华书局,1963年。
4. 蔡新乐、郁东占《文学翻译的释义学原理》,开封:河南大学出版社,1997年。
5. 成中英《从中西互释中挺立——中国哲学与中国文化的新定位》,北京:中国人民大学出版社,2005年。
6. 傅惠生译《周易——汉英对照》,长沙:湖南人民出版社,2008年。
7. 伽达默尔《哲学解释学》,上海:上海译文出版社,1994年。
8. 伽达默尔《真理与方法》,上海:上海译文出版社,1999年。
9. 高亨《周易古经今注·周易杂论》,《高亨著作集林》(第一卷),北京:清华大学出版社,2004年。
10. 何芳川《古今东西之间:何芳川讲中外文化》,桂林:广西师范大学出版社,2008年。
11. 胡朴安《周易古史观》,上海:上海古籍出版社,2005年。
12. 蒋伯潜《十三经概论》,上海:上海古籍出版社,1983年。
13. 金景芳、吕绍纲《周易全解》,上海:上海古籍出版社,2005年。
14. 金学勤《〈论语〉英译之跨文化阐释》,成都:四川大学出版社,2009年。
15. 李镜池《周易探源》,北京:中华书局,1978年。
16. 李镜池《周易通义》,北京:中华书局,1981年。
17. 李庆本、崔连瑞《中西文学比较》,北京:五洲传播出版社,2008年。
18. 李庆本《跨文化美学:超越中西二元论模式》,长春:长春出版社,

2011 年。

19.李庆本《跨文化视野:转型期的文化与美学批判》,北京:中国文联出版社,2003 年。

20.李学勤、朱伯崑等著,廖名春选编《伟大传统:周易二十讲》,北京:华夏出版社,2008 年。

21.连劭名《帛书周易疏证》,北京:中华书局,2012 年。

22.廖名春《〈周易〉经传十五讲》第 2 版,北京:北京大学出版社,2012 年。

23.罗新璋编《翻译论集》,北京:商务印书馆,1984 年。

24.蒙文通《经学抉原》,上海:上海人民出版社,2006 年。

25.南怀瑾《易经系传别讲》第 2 版,上海:复旦大学出版社,2002 年。

26.南怀瑾《易经杂说》第 2 版,上海:复旦大学出版社,2002 年。

27.钱锺书《管锥编(一)》,北京:生活·读书·新知三联书店,2007 年。

28.饶龙隼《上古文学制度述考》,北京:中华书局,2009 年。

29.尚秉和《周易尚氏学》,北京:中华书局,1980 年。

30.汪榕培、任秀桦译《英译易经》,上海:上海外语教育出版社,2007 年。

31.王建平主编《中西方文化比较与交流》,南京:南京出版社,2003 年。

32.王晓路《西方汉学界的中国文论研究》,成都:巴蜀书社,2003 年。

33.熊十力《新唯识论(壬辰删定本)》,北京:中国人民大学出版社,2009 年。

34.张隆溪《道与逻各斯:东西方文学阐释学》,南京:江苏教育出版社,2006 年。

35.张隆溪《同工异曲:跨文化阅读的启示》,南京:江苏教育出版社,2006 年。

36.张隆溪《中西文化研究十论》,上海:复旦大学出版社,2005 年。

37.张政烺《论易丛稿》,北京:中华书局,2012 年。

38.周宁《世界是一座桥:中西文化的交流与建构》,桂林:广西师范大学出版社,2007 年。

39.周振甫《周易译注》,北京:中华书局,1991 年。

40.朱伯崑《易学哲学史》,北京:昆仑出版社,2005年。

41.朱健平《翻译:跨文化阐释——哲学诠释学与接受美学模式》,长沙:湖南人民出版社,2007年。

42.朱睿达《古代"阴阳两仪"思维与中国诗学范畴论》,香港:中国古文献出版社,2013年。

43. Alfred Huang. *The Complete I Ching —10th Anniversary Edition*: *The Definitive Translation by Taoist Master Alfred Huang*. Toronto: Inner Traditions, 2010.

44. Carol K. Anthony. *A Guide to the I Ching*. 3nd Revised ed., Stow, MA: Anthony Pub Co., 1988.

45. Carol K. Anthony. *The Philosophy of the I Ching*. 2nd Revised ed., Stow, MA: Anthony Pub Co., 1998.

46. Daniel Claudio Bernardo Theoklesia. *Yijing（I Ching）Chinese/English Dictionary with Concordance and Translation*. Bridgewater, Nova Scotia: Bersoft Software & Technology, 2012.

47. Edward Hacker, Steve Moore, and Lorraine Patsco. *I Ching*: *An Annotated Bibliography*. New York and London: Routledge, 2002.

48. Edward L. Shaughnessy. *I Ching*: *The Classic of Changes/Translated with an Introduction and Commentary*. New York: Ballantine Books, 1997.

49. Gregory Whincup. *Rediscovering the I Ching*. New York: St. Martin's Griffin, 1996.

50. Hellmut Wilhelm, Richard Wilhelm. *Understanding the I Ching*. Reprint ed., Princeton, Princeton: Princeton University Press, 1995.

51. James Legge. *The Yî King or Book of Changes*. Oxford: The Clarendon Press, 1882.

52. John Blofeld. *I Ching（The Book of Change）*: *A New Translation of the Ancient Chinese Text with Detailed Instructions for Its Practical Use in Divination*. Reprint ed., London: Penguin Books, 1991.

53. Kerson Huang. *I Ching, the Oracle*. Singapore: World Scientific Publishing Company, 1984.

54. Margaret J. Pearson. *The Original I Ching*: *An Authentic Translation of the Book of Changes*. Singapore: Tuttle Publishing, 2011.

55. Richard J. Smith. *The "I Ching": A Biography* (*Lives of Great Religious Books*). Princeton, Princeton: Princeton University Press, 2012.

56. Richard John Lynn. *The Classic of Changes: A New Translation of the I Ching as Interpreted by Wang Bi*. New York: Columbia University, 1994.

57. Richard Rutt. *The Book of Changes* (*Zhouyi*). London: Routledge Curzon, 1996.

58. Richard Wilhelm. *The I Ching or Book of Changes*. 3rd ed., Princeton, NJ: Princeton University Press. tr. Carry F. Baynes, 1967.

59. Richard Wilhelm. *The Secret of the Golden Flower: A Chinese Book of Life*. Revised ed., New York: Mariner Books, 1962.

60. Sarah Dening. *The Everyday I Ching*. New York: St. Martin's Griffin, 1997.

61. Terence McKenna, Dennis McKenna. *The Invisible Landscape: Mind, Hallucinogens, and the I Ching*. Reprint ed., New York: Harper One, 1994.

62. Terrien de Lacouperie. *The Oldest Book of the Chinese, the Yh-king, and its Authors*. London: D. Nutt, 270, Strand, 1892.

二、学位论文

1. 龚成云《从翻译目的论看〈易经〉中文化负载词的翻译》，成都：四川外语学院，2010年。

2. 蒋知洋《视域融合导向下〈易经〉英译本三维对比解读》，长沙：中南大学，2011年。

3. 李丹《〈周易〉英译之研究》，成都：四川大学，2005年。

4. 李珊《改写理论视角下〈易经〉三个英译本研究》，成都：西南石油大学，2012年。

5. 王云坤《基于翻译适应选择论的译者中心研究：〈易经〉两英译本对比分析》，长沙：中南大学，2011年。

6. 杨健《文化翻译与翻译文化——从〈易经〉的三个英译本看文化翻译模式》，上海：上海外国语大学，2005年。

7. 郑和明《理雅各、贝恩斯英译〈周易〉比较研究》，福州：福建师范大学，2006年。

三、期刊文章

1. C. G. 荣格著,楼格译《〈易经〉英译版前言》,载《周易研究》1991(2)。
2. 陈建中《翻译即阐释——〈名实论〉之名与实》,载《外语与外语教学》1997(6)。
3. 陈志《从阐释学的视角看〈易经〉的两个英译本的翻译》,载《咸宁学院学报》2012(4)。
4. 凡木《〈周易〉西行——关于〈周易〉的德译与英译》,载《读书》1992(1)。
5. 付永、Debra A. Hayes《从翻译原型论角度析〈易经〉文化负载词英译》,载《鸡西大学学报》2011(9)。
6. 付永、戈玲玲《浅议〈易经〉中文化负载词"三"的翻译方法》,载《长春理工大学学报》(社会科学版)2011(9)。
7. 付永、唐姿《论〈易经〉本源概念的传播——以文化负载词英译为例》,载《绥化学院学报》2012(1)。
8. 付永《〈易经〉文化负载词的英译研究——以翻译原型论为视角》,载《外语艺术教育研究》2012(3)。
9. 管恩森《传教士视阈下的汉籍传译——以理雅各英译〈周易〉为例》,载《周易研究》2012(3)。
10. 郭建中《翻译中的文化因素:异化与归化》,载《外国语(上海外国语大学学报)》1998(3)。
11. 何佳韦《易与异延——从其"不可译性"谈起》,载《法国研究》2011(2)。
12. 何建南《莱布尼茨、黑格尔和〈易经〉符号系统》,载《江西社会科学》1995(12)。
13. 黄德鲁《国内外英译〈周易〉的现状与几点建议》,载《安阳大学学报》2003(2)。
14. 黄琼英《〈周易〉乾卦卦辞英译再探》,载《曲靖师范学院学报》2011(1)。
15. 柯大诩《英译〈易经〉》,载《读书》1985(6)。
16. 蓝仁哲《〈易经〉在欧洲的传播——兼评利雅格和卫礼贤的〈易经〉译本》,载《四川外语学院学报》1991(2)。
17. 李梅《〈周易〉"豫""随"两卦的四种英译比较》,载《吴中学刊》

1996(3)。

18.李庆本《〈周易〉与生态美学》,载《中南民族大学学报》(人文社会科学版)2012(6)。

19.李庆本《跨文化阐释与世界文学的重构》,载《山东社会科学》2012(3)。

20.李庆本《跨文化研究的三维模式》,载《文史哲》2009(3)。

21.李珊、胥瑾《意识形态对理雅各〈易经〉英译的操控》,载《世纪桥》2012(3)。

22.李贻荫、王平《〈易经〉两种英译的比较》,载《外语与外语教学》1993(4)。

23.李贻荫、王平《〈易经〉四种英译的比较研究——欢呼新中国成立后国人自译的"汪任译本"出版》,载《外语与外语教学》1995(2),(4)。

24.李贻荫《〈易经·谦卦〉的英译》,载《淮阴师范学院学报(哲学社会科学版)》1995(4)。

25.李贻荫《易学在西方》,载《读书》1991(10)。

26.刘剑《文化软实力与典籍外译之话语权研究》,载《河南社会科学》2012(7)。

27.卢侯《浅探汪榕培英译易经用词与文化内涵性》,载《语数外学习》(英语教育)2013(1)。

28.任艳霞、傅治夷《从译介学视角看汉译英中文化意象的失落——以理雅各和汪榕培等的〈易经〉英译本为例》,载《洛阳师范学院学报》2012(9)。

29.任运忠、曾绪《〈易经〉卦爻辞辨及其英译》,载《周易研究》2009(3)。

30.任运忠《〈易经〉的文学性及其在译文中的重构》,载《四川教育学院学报》2007(1)。

31.任运忠《〈易经〉英译现状及重译〈易经〉的构想》,载《内江师范学院学报》2006(5)。

32.任运忠《〈周易〉卦爻辞的符号学翻译研究》,载《名作欣赏》2012(20)。

33.任运忠《〈周易〉卦爻辞文本考辩及其英译》,载《疯狂英语》(教师版)2009(4)。

34.任运忠《〈周易〉卦爻辞中的"文化词汇"及其英译》,载《成都大学学报》(社会科学版)2007(1)。

35.任运忠《理雅各、卫礼贤、贝恩斯〈周易〉译本比较》,载《西南科技大学学报》(哲学社会科学版)2008(2)。

36.王佳娣《明末清初来华传教士对〈易经〉的译介及索隐派的汉学研究》,载《湖南第一师范学院学报》2010(1)。

37.王宁《民族主义、世界主义与翻译的文化协调作用》,载《中国翻译》2012(3)。

38.吴钧《从理雅各的英译〈易经〉试谈〈易经〉的翻译》,载《周易研究》2013(1)。

39.吴钧《论〈易经〉的英译与世界传播》,载《周易研究》2011(1)。

40.吴钧《论理雅各的〈易经〉英译》,载《湖南大学学报》(社会科学版)2013(1)。

41.熊谊华、占慧芳《传播学视角下的〈周易〉翻译研究——理雅各与卫礼贤两种译本的翻译对比》,载《湖北函授大学学报》2011(12)。

42.阎纯德《"和而不同"与殊途同归——试论中国文化的普适价值》,载《中国政法大学学报》2009(1)。

43.阎纯德《中国的发展与汉学的未来》,载《江西社会科学》2010(4)。

44.杨国燕、张新民《从〈周易〉的文体特点看阐释性翻译》,载《社会科学论坛》2005(5)。

45.杨武能《阐释、接受与再创造的循环——文学翻译断想》,载《中国翻译》1987(6)。

46.岳峰《〈易经〉英译风格探微》,载《湖南大学学报》(社会科学版)2001(2)。

47.岳峰《试析〈周易〉英译的失与误》,载《山东科技大学学报》(社会科学版)2001(1)。

48.张次兵、李贻荫《比较〈易经〉三卦的四种英译》,载《长沙水电师院社会科学学报》1995(4)。

49.张继文《西方〈周易〉译介史论》,载《开封大学学报》2012(1)。

50.张西平《〈易经〉在西方早期的传播》,载《中国文化研究》1998(4)。

51.赵娟《汉学视野中卫氏父子的〈周易〉译介与研究》,载《周易研究》2010(4)。

52.郑和明《理雅各、贝恩斯〈周易〉译本比较分析》,载《井冈山医专学报》2005(4)。

附 录
《易经》本经卦名及常用辞汉英对照汇编①

一、卦名

一、乾 ☰

卦名	乾
JL	kh'ien
WB	Ch'ien/The Creative
RL	Qian[Pure Yang]
RR	qian/active
汪任	Qian
傅	Qian

---

① 1.按出版年份顺序,下列译文所引译本依次为:James Legge. *The Yî King or Book of Changes*. Oxford: The Clarendon Press. 1882; Richard Wilhelm. *The I Ching or Book of Changes*. 3rd ed., Princeton, NJ: Princeton University Press. tr. Carry F. Baynes. 1967; Richard John Lynn. *The Classic of Changes: A New Translation of the I Ching as Interpreted by Wang Bi*. New York: Columbia University. 1994; Richard Rutt. *The Book of Changes(Zhouyi)*. London: Routledge Curzon.1996;汪榕培、任秀桦《英译易经》,上海:上海外语教育出版社,2007年版;傅惠生《周易——汉英对照》,长沙:湖南人民出版社,2008年版。2.常用辞乃断句取辞,原爻辞语境不可废。体现在各家译文上,词句会根据语境、句法有所出入。

二、坤 ䷁

卦名	坤
JL	Khwǎn
WB	K'un/The Receptive
RL	Kun［Pure Yin］
RR	kun/earth
汪任	Kun
傅	Kun

三、屯 ䷂

卦名	屯
JL	*K*un
WB	Chun/Difficulty at the Beginning
RL	Zhun［Birth Throes］
RR	zhun/massed
汪任	Zhun
傅	Zhun

四、蒙 ䷃

卦名	蒙
JL	Mǎng
WB	Mêng/Youthful Folly
RL	Meng［Juvenile Ignorance］
RR	meng/dodder
汪任	Meng
傅	Meng

五、需 ☵☰

卦名	需
JL	Hsü
WB	Hsu/Waiting(Nourishment)
RL	Xu[Waiting]
RR	xu/waiting
汪任	Xu
傅	Xu

六、讼 ☰☵

卦名	讼
JL	Sung
WB	Sung/Conflict
RL	Song[Contention]
RR	song/dispute
汪任	Song
傅	Song

七、师 ☷☵

卦名	師
JL	Sze
WB	Shih/The Army
RL	Shi[The Army]
RR	shi/troops
汪任	Shi
傅	Shi

八、比 ䷇

卦名	比
JL	Pî
WB	Pi/Holding Together[Union]
RL	Bi[Closeness]
RR	bi/joining
汪任	Bi
傅	Bi

九、小畜 ䷈

卦名	小畜
JL	Hsiâo Khû
WB	Hsiao Ch'u/The Taming Power of the Small
RL	Xiaoxu[Lesser Domestication]
RR	xiaochu/farming;minor
汪任	Xiaochu
傅	Xiaoxu

十、履 ䷉

卦名	履
JL	Lî
WB	Lu/Treading[Conduct]
RL	Lü[Treading]
RR	Lü/stepping
汪任	Lü
傅	Lü

十一、泰 ䷊

卦名	泰
JL	Thâi
WB	T'ai/Peace
RL	Tai［Peace］
RR	tai/great
汪任	Tai
傅	Tai

十二、否 ䷋

卦名	否
JL	Phî
WB	P'i/Standstill［Stagnation］
RL	Pi［Obstruction］
RR	pi/bad
汪任	Pi
傅	Pi

十三、同人 ䷌

卦名	同人
JL	Thung Zǎn
WB	T'ung Jên/Fellowship with Men
RL	Tongren［Fellowship］
RR	tongren/mustering
汪任	Tongren
傅	Tongren

十四、大有 ䷍

卦名	大有
JL	Tâ Yû
WB	Ta Yu/Possession in Great Measure
RL	Dayou [Great Holdings]
RR	dayou/large, there
汪任	Da'you
傅	Dayou

十五、谦 ䷎

卦名	謙
JL	*Kh*ien
WB	Ch'ien/Modesty
RL	Qian [Modesty]
RR	qian/rat
汪任	Qian
傅	Qian

十六、豫 ䷏

卦名	豫
JL	Yü
WB	Yu/Enthusiasm
RL	Yu [Contentment]
RR	yu/elephant
汪任	Yu
傅	Yu

十七、随 ䷐

卦名	随
JL	Sui
WB	Sui/Following
RL	Sui[Following]
RR	sui/pursuit
汪任	Sui
傅	Sui

十八、蛊 ䷑

卦名	蛊
JL	Kû
WB	Ku/Work on What Has Been Spoiled[Decay]
RL	Gu[Ills to Be Cured]
RR	gu/mildew
汪任	Gu
傅	Gu

十九、临 ䷒

卦名	临
JL	Lin
WB	Lin/Approach
RL	Lin[Overseeing]
RR	lin/keening
汪任	Lin
傅	Lin

二十、观

卦名	觀
JL	Kwân
WB	Kuan/Contemplation (View)
RL	Guan [Viewing]
RR	guan/observing
汪任	Guan
傅	Guan

二十一、噬嗑

卦名	噬嗑
JL	Shih Ho
WB	Shih Ho/Biting Through
RL	Shihe [Bite Together]
RR	shike/biting
汪任	Shihe
傅	Shihe

二十二、贲

卦名	賁
JL	Pî
WB	Pi/Grace
RL	Bi [Elegance]
RR	bi/bedight
汪任	Bi
傅	Bi

二十三、剥 ䷖

卦名	剥
JL	Po
WB	Po/Splitting Apart
RL	Bo[Peeling]
RR	bo/flaying
汪任	Bo
傅	Bo

二十四、复 ䷗

卦名	復
JL	Fû
WB	Fu/Return(The Turning Point)
RL	Fu[Return]
RR	fu/returning
汪任	Fu
傅	Fu

二十五、无妄 ䷘

卦名	无妄
JL	Wû Wang
WB	Wu Wang/Innocence(The Unexpected)
RL	Wuwang[No Errancy]
RR	wuwang/unexpected
汪任	Wuwang
傅	Wuwang

二十六、大畜 ䷙

卦名	大畜
JL	Tâ Khû
WB	Ta Ch'u/The Taming Power of the Great
RL	Daxu[Great Domestication]
RR	dachu/farming:major
汪任	Dachu
傅	Daxu

二十七、颐 ䷚

卦名	颐
JL	Î
WB	I/The Corners of the Mouth(Providing Nourishment)
RL	Yi[Nourishment]
RR	yi/molars
汪任	Yi
傅	Yi

二十八、大过 ䷛

卦名	大過
JL	Tâ Kwo
WB	Ta Kuo/Preponderance of the Great
RL	Daguo[Major Superiority]
RR	daguo/passing:major
汪任	Daguo
傅	Daguo

二十九、坎 ䷜

卦名	坎
JL	Khan
WB	K'an/The Abysmal(Water)
RL	Xikan[The Constant Sink Hole]
RR	kan/pit
汪任	Kan
傅	Kan

三十、离 ䷝

卦名	離
JL	Lî
WB	Li/The Clinging, Fire
RL	Li[Cohesion]
RR	li/oriole
汪任	Li
傅	Li

三十一、咸 ䷞

卦名	咸
JL	Hsien
WB	Hsien/Influence(Wooing)
RL	Xian[Reciprocity]
RR	xian/chopping
汪任	Xian
傅	Xian

三十二、恒

卦名	恒
JL	Hăng
WB	Hêng/Duration
RL	Heng[Perseverance]
RR	heng/fixing
汪任	Heng
傅	Heng

三十三、遯

卦名	遯
JL	Thun
WB	Tun/Retreat
RL	Dun[Withdrawal]
RR	dun/pig
汪任	Dun
傅	Dun

三十四、大壮

卦名	大壮
JL	Tâ *K*wang
WB	Ta Chuang/The Power of the Great
RL	Dazhuang[Great Strength]
RR	dazhuang/big injury
汪任	Dazhuang
傅	Dazhuang

三十五、晋 ䷢

卦名	晋
JL	Žin
WB	Chin/Progress
RL	Jin［Advance］
RR	jin/advancing
汪任	Jin
傅	Jin

三十六、明夷 ䷣

卦名	明夷
JL	Ming Î
WB	Ming I/Darkening of the Light
RL	Mingyi［Suppression of the Light］
RR	mingyi/crying pheasant
汪任	Mingyi
傅	Mingyi

三十七、家人 ䷤

卦名	家人
JL	Kiâ Žăn
WB	Chia Jên/The Family［The Clan］
RL	Jiaren［The Family］
RR	jiaren/household
汪任	Jiaren
傅	Jiaren

三十八、睽

卦名	睽
JL	Khwei
WB	K'uei/Opposition
RL	Kui [Contrariety]
RR	kui/espy
汪任	Kui
傅	Kui

三十九、蹇

卦名	蹇
JL	*K*ien
WB	Chien/Obstruction
RL	Jian [Adversity]
RR	jian/stumbling
汪任	Jian
傅	Jian

四十、解

卦名	解
JL	*K*ieh
WB	Hsieh/Deliverance
RL	Xie [Release]
RR	jie/unloosing
汪任	Xie
傅	Xie

四十一、损 ䷨

卦名	损
JL	Sun
WB	Sun/Decrease
RL	Sun[Diminution]
RR	sun/diminishing
汪任	Sun
傅	Sun

四十二、益 ䷩

卦名	益
JL	Yî
WB	I/Increase
RL	Yi[Increase]
RR	yi/enriching
汪任	Yi
傅	Yi

四十三、夬 ䷪

卦名	夬
JL	Kwâi
WB	Kuai/Break-through(Resoluteness)
RL	Kuai[Resolution]
RR	jue/skipping
汪任	Guai
傅	Guai

四十四、姤 ☰

卦名	姤
JL	Kâu
WB	Kou/Coming to Meet
RL	Gou[Encounter]
RR	gou/locking
汪任	Gou
傅	Gou

四十五、萃 ☱

卦名	萃
JL	Žhui
WB	Ts'ui/Gathering Together[Massing]
RL	Cui[Gathering]
RR	cui/together
汪任	Cui
傅	Cui

四十六、升 ☷

卦名	升
JL	Shǎng
WB	Shêng/Pushing Upward
RL	Sheng[Climbing]
RR	sheng/going up
汪任	Sheng
傅	Sheng

四十七、困 ䷮

卦名	困
JL	Khwǎn
WB	K'un/Oppression(Exhaustion)
RL	Kun[Impasse]
RR	kun/beset
汪任	Kun
傅	Kun

四十八、井 ䷯

卦名	井
JL	Žing
WB	Ching/The Well
RL	Jing[The Well]
RR	jing/well
汪任	Jing
傅	Jing

四十九、革 ䷰

卦名	革
JL	Ko
WB	Ko/Revolution(Molting)
RL	Ge[Radical Change]
RR	ge/leather
汪任	Ge
傅	Ge

五十、鼎 ䷱

卦名	鼎
JL	Ting
WB	Ting/The Caldron
RL	Ding[The Cauldron]
RR	ding/tripod-bowl
汪任	Ding
傅	Ding

五十一、震 ䷲

卦名	震
JL	Kǎn
WB	Chen/The Arousing(Shock, Thunder)
RL	Zhen[Quake]
RR	zhen/thunder
汪任	Zhen
傅	Zhen

五十二、艮 ䷳

卦名	艮
JL	Kǎn
WB	Kên/Keeping Still, Mountain
RL	Gen[Restraint]
RR	gen/cleaving
汪任	Gen
傅	Gen

五十三、渐

卦名	渐
JL	*Kien*
WB	Chien/Development(Gradual Progress)
RL	Jian[Gradual Advance]
RR	jian/settling
汪任	Jian
傅	Jian

五十四、归妹

卦名	歸妹
JL	Kwei Mei
WB	Kuei Mei/The Marrying Maiden
RL	Guimei[Marrying Maid]
RR	guimei/marriage
汪任	Guimei
傅	Guimei

五十五、丰

卦名	豐
JL	Fǎng
WB	Fêng/Abundance[Fullness]
RL	Feng[Abundance]
RR	feng/thick
汪任	Feng
傅	Feng

五十六、旅

卦名	旅
JL	Lü
WB	Lu/The Wanderer
RL	Lü[The Wanderer]
RR	lü/sojourner
汪任	Lü
傅	Lü

五十七、巽

卦名	巽
JL	Sun
WB	Sun/The Gentle(The Penetrating, Wind)
RL	Sun[Compliance]
RR	xun/food offerings
汪任	Xun
傅	Xun

五十八、兑

卦名	兑
JL	Tui
WB	Tui/The Joyous, Lake
RL	Dui[Joy]
RR	dui/satisfaction
汪任	Dui
傅	Dui

五十九、涣 ䷺

卦名	涣
JL	Hwân
WB	Huan/Dispersion[Dissolution]
RL	Huan[Dispersion]
RR	huan/gushing
汪任	Huan
傅	Huan

六十、节 ䷻

卦名	節
JL	*Kieh*
WB	Chieh/Limitation
RL	Jie[Control]
RR	jie/juncture
汪任	Jie
傅	Jie

六十一、中孚 ䷼

卦名	中孚
JL	*Kung Fû*
WB	Chung Fu/Inner Truth
RL	Zhongfu[Inner Trust]
RR	zhongfu/trying captives
汪任	Zhongfu
傅	Zhongfu

六十二、小过 ䷽

卦名	小過
JL	Hsiâo Kwo
WB	Hsiao Kuo/Preponderance of the Small
RL	Xiaoguo[Minor Superiority]
RR	xiaoguo/passing：minor
汪任	Xiaoguo
傅	Xiaoguo

六十三、既济 ䷾

卦名	既濟
JL	Kî Žî
WB	Chi Chi/After Completion
RL	Jiji[Ferrying Complete]
RR	jiji/already across
汪任	Jiji
傅	Jiji

六十四、未济 ䷿

卦名	未濟
JL	Wei Žî
WB	Wei Chi/Before Completion
RL	Weiji[Ferrying Incomplete]
RR	weiji/not yet across
汪任	Weiji
傅	Weiji

二、常用辞

吉(包括组合用法,共140余处)

辞	吉
JL	there would be good fortune.
WB	Good fortune.
RL	it is good fortune.
RR	AUSPICIOUS.
汪任	This is a sign of good omen.
傅	There is good fortune.

元吉(14处)

辞	元吉
JL	There will be great good fortune.
WB	supreme good fortune.
RL	fundamental good fortune.
RR	MOST AUSPICIOUS.
汪任	This is a sign of supreme omen.
傅	it is a sign of the best fortune.

终吉(9处)

辞	终吉
JL	there will be good fortune in the end.
WB	in the end there will be good fortune.
RL	in the end, there will be good fortune.
RR	*Ultimately* AUSPICIOUS.
汪任	You will have good fortune in the end
傅	bring good fortune.

贞(包括组合用法,112 处)

辞	贞
JL	firmness and correctness
WB	perseverance
RL	constancy
RR	*Augury*
汪任	perseverance
傅	persevere

永贞(7 处)

辞	利永贞
JL	be perpetually correct and firm
WB	Lasting perseverance
RL	practice constancy perpetually.
RR	*Long-term augury*
汪任	eternal perseverance.
傅	persevere in the right way forever.

可贞(5 处)

辞	可贞
JL	firmly maintaining it
WB	One is able to remain persevering.
RL	will be able to practice constancy
RR	*Augury possible.*
汪任	You'd better persevere in doing this.
傅	can persevere in the right way

贞吉(35 处)

辞	贞吉
JL	Through his firmness and correctness there will be good fortune.
WB	Perseverance brings good fortune.
RL	the good fortune that derives from constancy.
RR	*Augury*: AUSPICIOUS.
汪任	You will have good forture
傅	Perseverance in the right way brings good fortune.

贞凶(10 处)

辞	贞凶
JL	however firm and correct he may be, there will be evil.
WB	Then perseverance brings misfortune.
RL	Even if he practices constancy, it will result in misfortune.
RR	Augury of DISASTER.
汪任	Misfortune
傅	It is necessary to persevere in the right way to guard against any disaster.

元亨(9 处)

辞	元亨
JL	what is great and originating, penetrating
WB	The Creative works sublime success.
RL	fundamentality [*yuan*], prevalence [*heng*]
RR	*Supreme offering.*
汪任	supremacy, success
傅	virtues of origination, prosperity

利贞(22 处)

辞	利贞
JL	what is advantageous, correct and firm
WB	Furthering through perseverance.
RL	fitness [li], and constancy [zhen]
RR	*Favourable augury.*
汪任	potentiality and perseverance.
傅	benignancy and perseverance.

利涉大川(10 处)

辞	利涉大川
JL	it will be advantageous to cross the great stream.
WB	It furthers one to cross the great water.
RL	It is fitting to cross the great river.
RR	*Favourable for fording a big river.*
汪任	It is time to cross a great river.
傅	It is appropriate to cross great river.

利见大人(7 处)

辞	利见大人
JL	It will be advantageous to meet with the great man.
WB	It furthers one to see the great man.
RL	it is fitting to see the great man.
RR	*To meet with great men well betides.*
汪任	It is time for the great man to emerge from obscurity.
傅	It is appropriate for the great man to come out.

无咎(93 处)

辞	无咎
JL	There will be no ground for blame.
WB	No blame.
RL	there will be no blame
RR	NO MISFORTUNE.
汪任	You will not receive blame./There is nothing to blame.
傅	He can avoid harm.

无不利(13 处)

辞	无不利
JL	will be in every respect advantageous.
WB	Yet nothing remains unfurthered.
RL	nothing he does here fails to be fitting.
RR	*Unfavourable for nothing.*
汪任	You will reap benefits without exertion.
傅	there is nothing unbeneficial.

无攸利(10 处)

辞	无攸利
JL	in no wise will advantage come from her.
WB	Nothing furthers.
RL	there is nothing at all fitting here.
RR	*Favourable for nothing.*
汪任	Nothing good will come out of
傅	will not bring anything good.

悔亡(22处)

辞	悔亡
JL	all occasion for repentance disappearing.
WB	Remorse disappears.
RL	Regret vanishes.
RR	*Troubles disappear.*
汪任	Regret disappears.
傅	his regret disappears.

无悔(4处)

辞	无悔
JL	there will be no occasion for repentance.
WB	No remorse.
RL	he has no regret.
RR	*No troubles.*
汪任	There is no regret about it.
傅	There is no regret.

有悔(6处)

辞	有悔
JL	There will be occasion for repentance.
WB	will have cause to repent.
RL	should have cause for regret.
RR	*There will be trouble.*
汪任	It will regret sooner or later.
傅	has regrets.

吝(20 处)

辞	吝
JL	regret it.
WB	humiliation.
RL	hard
RR	*distressing.*
汪任	grief.
傅	disappointment.

凶(58 处)

辞	凶
JL	There will be evil.
WB	Misfortune.
RL	he shall have misfortune.
RR	DISASTROUS.
汪任	This is a sign of ill omen.
傅	There are disasters.

厉(包括组合用法,共 27 处)

辞	厉
JL	The position is perilous.
WB	Danger.
RL	which means danger.
RR	DANGEROUS.
汪任	You are in danger.
傅	There is danger.

贞厉(8处)

辞	贞厲
JL	Though he be firm and correct, there will be peril.
WB	Perseverance with awareness of danger.
RL	practice constancy in the face of trouble.
RR	*Augury*: DANGEROUS.
汪任	There will be potential danger.
傅	perseveres in the right way to guard against danger.

有厉(3处)

辞	有厲
JL	The situation is perilous.
WB	dangerous.
RL	which means danger.
RR	*It will be* DANGEROUS.
汪任	And you will be in danger.
傅	There is danger.

勿用(11处)

辞	勿用
JL	It is not the time for active doing.
WB	Do not act.
RL	does not act.
RR	*No action take.*
汪任	The time for action is not ripe.
傅	does not act.

有攸往(20处)

辞	有攸往
JL	has to make any movement
WB	undertakes something and tries to lead,
RL	set out to do something, if he were to take the lead
RR	*with somewhere to go.*
汪任	goes anywhere
傅	goes for a destination

有终(6处)

辞	有终
JL	the end will be good.
WB	the end is reached.
RL	he should bring about a successful conclusion.
RR	*has an end.*
汪任	a good ending.
傅	in the end.

君子(20处)

辞	君子
JL	the superior man
WB	the superior man
RL	the noble man
RR	*a prince*
汪任	a gentleman
傅	the superior man

大人(12处)

辞	大人
JL	the great man
WB	the great man
RL	the great man
RR	*a great man.*
汪任	The great man
傅	a great man

小人(10处)

辞	小人
JL	the small man
WB	inferior people.
RL	the petty man
RR	*a small man*
汪任	the inferior man
傅	an inferior man

后　记

一

　　这部论文虽然已告完成，但是对于《易经》英译研究乃至国际易学研究的课题来说，这只是个渺小而残缺的开端。两年前选定这个课题时，我仅是凭借意气之勇，因为《诗经》《论语》《老子》等其他中华元典的英译研究工作，前人已做得太多了，而对于《易经》英译的研究，就国内学界而言，则开拓未远，发掘未深。在这种认识下，我只知其难，而不知其何其难，便开始了研究工作。我在硕士阶段以"'阴阳两仪'思维模式与中国诗学关联"为研究课题的研习过程中，已经体察到易的思想在中华文化思维中的核心地位；博士在读的第一学年，我进一步深化了有关中华文化与诗学的思考，在导师李庆本先生和天津师范大学周延良教授的奖掖下出版了《古代"阴阳两仪"思维与中国诗学范畴论》一书。但直到进入对国内外易学的研习及《易经》英译版本的考察中，我才明白自己之前的学养是远远不够的，甚至于读易前后，对《文心雕龙》等中国传统文学理论的理解根本是两重天地。因此着手论文撰写之前，我首先老老实实地研习了历代易学大家的著述：古人包括王弼、孔颖达（《正义》）、李鼎祚（《集解》）、程颐、朱熹、李光地（《折中》）等；近代及当世学者则有尚秉和、高亨、李镜池、张政烺、朱伯崑、刘大钧、黄寿祺、金景芳、廖名春、连劭名等。此外，"熊十力菩萨"以金刚大力打通佛学与易学，南怀瑾先生将玄奥的易学放入人间世中，都使我受益良多。

　　我的导师李庆本先生近年来致力于中华文化对外传播与跨文化阐释学的学理研究，忝列门墙，亦让我有幸将这一研究课题加入老师主持的教育部哲学社会科学研究重大课题攻关项目"中华文化的跨文化阐释与对外传播研究"之中。这更让我深感肩上的责任重大。在追随老师的六年研究生学习生涯中,老师在学术事业上予我以毫无保留的教诲,在立身处世上予我以无微不至的扶助。在办公室中,老师曾不厌其烦地结合他尚未发表的论文的每一个段落,指点我治学的每一个细节;在美国过访老师临时租住的简易寓所时,清晨5点老师早已开始了一天的工作,并做好了早餐,知道年轻人贪睡,还叮嘱我多睡一会儿再起……古语师者如父,我感受到的师恩诚然如是。

论文的写作还得到了多位老师的鼓励和帮助。开创北语汉学研究事业的阎纯德先生、天津师范大学的周延良先生多次对论文的进展表示关切。清华大学的王宁先生、北语比较文学研究所的钱婉约先生、陈戎女先生、周阅先生,作为我有幸亲炙的师长,也给我的学术成长以大力提携,给予我的论文写作许多有益的启示。首都师范大学的陶东风先生、中央民族大学的郭英剑先生,多年来在他们那里数度受教,这次拨冗评阅,亦对我有指点迷津之恩。

感谢我的各位同门,共同向老师问学的机缘让我们从天南海北聚成了一个友爱团结、其乐融融的大家庭,分担失意,共享成功。虽然我们在相逢后又各自远飏,但友谊地久天长。

感恩我的父母,在我离家远游的十余年里,你们从壮年步入了中年。我在成长,你们老去,流走的是无可挽留的光阴,沉淀下来的是伟大无私的爱。

2013年初的冬日,我开始在北维州的Fairfax小镇上开始多年不曾进行的长跑练习。彼时我正在进行论文所需英文材料的搜集工作。2014年初的冬日,我在往返北京与浙江的日子里读完了村上春树的《当我谈跑步时我谈些什么》一书。当我完成这部论文时,我已跑过了500公里。这不啻是一个意味深长的隐喻:对于我有限的人生来说,500公里只是极短的一段路程;而对于我更为有限的学术生涯来说,《易经》英译与国际易学的研究课题则是一项"生也有涯而知也无涯"的宏大事业。

在京求学十余年后,我即将回到江南,开始我作为一个教师的事业。昔我来时,甫才十八周岁;今我往矣,已经开始我人生的第三十个年头。南方与北方的人情事物,都在我身上留下了难以磨灭的痕迹。"东海西海,心理攸同;南学北学,道术未裂。"钱锺书先生的这句话,大概是当代中国人文学者都深印在心的。我亦有言:"观南北东西世相,做古今中外文章。"

是为后记。

朱睿达
2014年5月于五道口

二

　　这本单薄的小书是在我于2014年完成的博士论文的基础上修改而成的。对于绵延四五千年、传布海内外的易学传统来说,它是渺小而不值一哂的;对于国学与汉学交通融合时代语境之下的国际易学而言,它还是做出了一点微小的贡献。本书所要探讨的议题,实在大有继续沉潜的价值和空间。遗憾的是,毕业、工作以来,在庸碌匆忙之中,殊少继续开拓,实感惭愧。同时,我也注意到,近些年来在《易经》英译研究领域,国内外学人颇多推进之功,有待我在将来的研究中予以学习与吸收。

　　由于本书涉及《易经》六十四卦卦象符号与生僻外文较多,兼之个人表述问题,给编辑与排版工作带来了颇多不便。感谢张敏娜编辑在审读过程中不避烦琐,以细致严谨的态度与我进行沟通、加以指正。感谢负责排版的同志对书中出现的近百处卦象符号加以精心处理。特别要再次对敬爱的阎纯德老师表示感激。小书从萌生到付梓,历时六七年,阎老师一直给予我热切的鼓励、指导和支持。题名《英语世界的〈易经〉译介研究》,亦由阎老师于2014年所赐,并最终确定。拙作面世,其短其误,十分在我,其得其功,首归阎老。

朱睿达

2018年3月补记于小和山